李镇西与新教育丛书

好教师是这样炼成的

李镇西 编著

四川人民出版社

图书在版编目（CIP）数据

好教师是这样炼成的 / 李镇西编著. —成都：四川人民出版社，2021.7（2023.7重印）
ISBN 978-7-220-10748-1

Ⅰ.①好… Ⅱ.①李… Ⅲ.①教育-文集 Ⅳ.①G4-53

中国版本图书馆 CIP 数据核字（2021）第 100841 号

HAOJIAOSHI SHI ZHEYANG LIANCHENG DE
好教师是这样炼成的

李镇西　编著

出 品 人	黄立新
策划统筹	蔡林君
责任编辑	戴黎莎　汤　梅
版式设计	戴雨虹
封面设计	张　科
责任印制	周　奇
出版发行	四川人民出版社（成都三色路 238 号）
网　　址	http://www.scpph.com
E-mail	scrmcbs@sina.com
新浪微博	@四川人民出版社
微信公众号	四川人民出版社
发行部业务电话	（028）86361653　86361656
防盗版举报电话	（028）86361653
照　　排	四川胜翔数码印务设计有限公司
印　　刷	四川五洲彩印有限责任公司
成品尺寸	170mm×240mm
印　　张	18.5
字　　数	237 千
版　　次	2021 年 7 月第 1 版
印　　次	2023 年 7 月第 7 次印刷
书　　号	ISBN 978-7-220-10748-1
定　　价	68.00 元

■版权所有·侵权必究

本书若出现印装质量问题，请与我社发行部联系调换
电话：（028）86361656

目　录

把每一个梦想都擦亮 …………………………………………… 李镇西 001

第一辑　教育聚义

因为单纯，所以幸福 …………………………………………… 李镇西 003
成长比名分更重要
　　——就李镇西研究会更名为"爱心与教育研究会"
　　致全体会员的一封信 …………………………………… 李镇西 019
我们也可以成为中国教育的脊梁
　　——给爱研会老师的一封信 …………………………… 李镇西 023
从一团火到满天星 ……………………………………………… 杨富志 028

第二辑　读写思行

关于阅读的断想 ………………………………………………… 李镇西 045
我的阅读"shi" ………………………………………………… 袁建国 051
读书，盘活一方教育生态
　　——庆阳市坚持8年"无功利读书"活动纪实 ………… 杨宏杰 056
阅读，带给课堂无限可能 ……………………………………… 任秀波 061
读书助我做一个完整的老师
　　——一个数学老师的多重阅读 ………………………… 王丹凤 064

每位老师都能写出好文章 …………………………… 李镇西 071
教师写作的七个无关因素 …………………………… 黄建军 077
让自己的教育人生有迹可寻 ………………………… 李素怀 082
书写自己的教育传奇 ………………………………… 肖新见 086
写作，遇见更好的自己 ……………………………… 王晓波 091
如何和学生搞好"关系" ……………………………… 李镇西 097
寻找共同的生活方式 ………………………………… 蒋自立 100
没有沟通就没有教育 ………………………………… 张雁 103
只有爱是不够的 ……………………………………… 戴金红 106
我这样走进学生的心灵 ……………………………… 刘爱玲 110
好课堂好教育 ………………………………………… 李镇西 114
花香蝶自来 …………………………………………… 张学勇 117
当回"孙子"又何妨 …………………………………… 张荣芸 121
打开学生想象的闸门 ………………………………… 黎辕 124
警惕课堂上的"不由自主" …………………………… 袁建国 127

第三辑　慧心育人

"问题孩子"是这样被"治"下来的 ………………… 詹大年 133
N张便条引导"问题生"成长 ………………………… 朱司芝 143
陪伴一个网瘾学生的365天 ………………………… 刘沛华 156
被点燃的"燃哥" ……………………………………… 王美娟 162
一个另类学生给我上了一课 ………………………… 潘升锋 165

第四辑　破茧成蝶

不负此生最美的遇见 ………………………………… 任秀波 173

教育的生命力在于教师的成长	侯立元 178
是铁"西粉",亦是痴"爱人"	黄建军 183
找到了生命中的红杉林	黄薇 189
踏雪寻春去　归来春满怀	黎辕 194
且读且写且成长	张巧 199
我与爱研会的深情十年	王丹凤 206
从"新"开始,期待遇见最好的自己	张学勇 213

第五辑　观点碰撞

教育为什么不可以被欣赏?	詹大年 221
"营造书香校园"何错之有?	张燕 224
成长要自助也需他助	李素怀 227
"打造"名师又有何妨?	黄建军 230
"感恩"老师有错吗?	邓正锴 233
校长多谈心就一定要少听课吗?	王丹凤 236
不必一概拒绝"模式化"	沈略 241

第六辑　李镇西说

决定人生高度与事业境界的究竟是什么?	李镇西 247
你还可以更幸福——写给一位年轻的班主任	李镇西 251
胸襟再开阔一些	李镇西 256
是否还保持着最初的童心	李镇西 262
学生教我当老师	李镇西 265

附录:爱心与教育研究会十年大事记	280

把每一个梦想都擦亮

李镇西

几年前,我曾在我的微信公众号上说过:"我没想过要改变这个世界,我只希望这个世界不要改变我。"当时我强调的是,无论外部环境如何,我都一定要保持自己的教育初心、为人个性和精神自由。现在我退休近三年,我可以自豪地说,就教育初心、为人个性和精神自由而言,我并没有被这个世界改变。

最近几年我渐渐发现,我的教育故事在不知不觉中改变着一些人,这些人虽然可能不多,但他们的变化是实实在在的。比如,我周围的一些年轻老师,我工作站的老师,全国各地我的读者,微信公众号镇西茶馆的关注者,还有——爱心与教育研究会的老师们。

当初,湖北名师蒋自立发起成立李镇西教育思想研究所("爱心与教育研究会"的前身)时,我真心不同意,这既不是谦虚,也不是担心,而是觉得我不配,且完全没有必要。但许多老师热切希望能够有一个互助成长的平台,大家好彼此鼓励,共同进步,于是我默认了。尽管后来李镇西教育思想研究所这个名字果真引起了一些人的误解,但比起十年来一大批年轻老师的成长——教育情感更热烈了,教育追求更纯粹了,教育智慧更丰富了，教育视野更开阔了，教育行走更稳健了，教育幸福更完整了……我觉得这个"代价"是值得的。

我不愿意罗列爱心与教育研究会（以下简称"爱研会"）成员们十年来所获得的各级荣誉称号，来证明他们的成长与成功，而更愿意用他们的故事来展示他们内心的沉静、充盈与厚重。在这个喧嚣的时代，各种物质诱惑侵蚀着教育者的初心，谈情怀谈理想居然成了一些人调侃的对象和靶子，然而，爱研会的成员们，能够以一颗坚强而沉静的教育之心，从容不迫地陪伴着孩子们度过一个又一个日子。我想起我尊敬的一位学者在20世纪80年代说过的话："内心的宁静能够抵御外在的风暴。"

没有任何行政指令，也没有计算任何继续教育课时积分，更没有差旅费和补贴，仅仅是为了过一种幸福完整的教育生活，十年来——

每周六晚上八点，全国各地的爱研会成员们聚集云端——先是在呱呱，后来在钉钉，围绕我倡导的"五个一"（每天上好一堂课，每天找一位学生谈心或书面交流，每天思考一个教育问题或社会问题，每天阅读不少于一万字，每天写一篇教育日记）开展名为"成长有约"的交流分享活动，3650个日子流淌过去了，成长有约从没中断。

一年一度的年会，是爱研会的庆典。为了赴会，有的从吉林出发，有的从甘肃出发，有的从贵州出发……全部自费。有的老师为了赴会甚至单程就要坐几十个小时的火车，中途还要转长途汽车，就为了与同气相求的人相会。

爱研会利用"荔枝电台"开办了"镇西有约"频道，从采稿到编辑再到播音，全是几位老师利用课余时间完成。迄今为止，他们播发了有关爱研会成员的教育文章共410条音频，播放量达14万。

……

这一切的发生，不能不说是奇迹，或者说，至少会让一些人不可思议。

我想起了舒婷的诗句——

  只凭一个简单的信号
  集合起星星、紫云英和蝈蝈的队伍
  向没有被污染的远方
  出发
  心也许很小很小
  世界却很大很大
  ……

  爱研会的成员遍布全国二十多个省市自治区，无论是身处大都市，还是立足小山村，他们都是真正的"草根"，是"星星、紫云英和蝈蝈的队伍"。比起许多名校，他们没有优越的环境；比起一些名师，他们没有耀眼的光环；相反他们也许有点土气，有些想法和做法也许有些幼稚，但他们有追求，有志气，有韧性，有风骨，"向没有被污染的远方出发"，这是一种教育聚义，是一种成长自救。

  张学勇曾在一所乡村小学既当老师又当校长，学校虽小，却肝胆俱全，所以他有一个外号叫"麻雀校长"。他曾为爱研会写过一首"会歌"——

  我们是春天的小草，茁壮成长；
  我们是夏天的绿叶，翠意流淌；
  我们是秋天的果实，飘洒芳香；
  我们是冬天的梅花，迎寒绽放。

向着阳光，自我成长，
阅读写作是我们腾飞的翅膀。
脚踏实地，自我培养，
反思实践给我们向上的力量。
就像驰骋的骏马，在草原自由奔放，
成长！成长！把每一个梦想都擦亮！

我愿做北国的青松，不惧寒霜；
我愿做南方的菩提，福泽一方；
我愿做沙漠的胡杨，默默成长；
我愿做大海的帆船，乘风破浪。

点赞鼓励，相扶相帮，
阅读写作是我们腾飞的翅膀。
尺码相同，互为榜样，
反思实践给我们向上的力量。
就像展翅的雄鹰，在天空自由翱翔，
飞翔！飞翔！把每一个梦想都擦亮！

  对这么一个民间的草根团队，我一直在大力地"去李镇西化"，比如将"李镇西教育思想研究所"更名为"爱心与教育研究会"，比如将一年一度评选的"中国李镇西式好教师"，改为"幸福教师"，后来他们又改为"'爱心杯'优秀班主任"……但对爱研会我是越来越有感情，对爱研会的会员们我是越来越敬佩，所以每年的年会，无论多忙，我都一定要去参加，不只是为了给老师们讲述我的教育思考和教育故事，更是向老师们表达敬意。

十年来，我和老师们互相影响，彼此促进，真的是"一起成长"。虽然老师们对我很尊敬，也从我的文字中获得过启发与力量，但他们并不盲目迷信我。相反，他们以研究的态度对待我的教育观点，时不时写下与我进行思想碰撞的文章，比如关于"名师是否能够打造"，关于"教育可不可以欣赏"，关于"校长是否应该少听课"，关于"成长中需不需要向别人请教"，等等。这些文章都旗帜鲜明，直言不讳。

王丹凤老师在一篇与我争鸣的文章中写道："我是在李老师的影响下成长起来的，我对李老师的敬佩是发自内心的，但'吾爱吾师，吾更爱真理'，我直言不讳地和李老师商榷，提出不同看法，这也是我对李老师真正的尊敬。"

我认为，这才是我和老师们真实而真诚的关系。我也同样尊敬这样的老师。

绝非谦虚，老师们不但值得我尊敬，更值得我学习。表面上看，我是所谓"教育专家""名师"——我当然也做出了一些成绩，但那是因为我一直在城市学校，有的还是重点中学，教学楼雄伟，办公室优雅，连教室地面都是水磨石，工资按时发放，绩效从不拖欠……在这样的环境中谈爱心育人，谈素质教育，谈教育改革……是很容易很时髦也很高雅的，而不做出点成绩是可耻的！但如果换个位置，把我调到爱研会许多老师所在的学校去，几十年调不出来，我会默默无闻地陪伴着孩子们成长吗？我不敢肯定地回答，但爱研会许多老师做到了，他们就是电视剧《山海情》中的白崇礼老师，只不过白崇礼老师是在屏幕中，而爱研会的许多老师是在现实的大地上。

十年来，爱研会一大批老师的确成长起来了——不止一位老师荣获"马云乡村教师奖"，也不止一位老师被评为正高级教师，更不止一位老师获得各级荣誉，发表文章、出版专著……用一些老师的话说"这在过去我是不敢想的"。但我这里说的"成长"不仅仅是以这些荣誉证书为标志——事实上，还有不少老师至今依然默默无闻，什么荣誉证书都没有，但他们更重要的收获，是他们更加纯粹、宁静和幸福的教育心——他们更加热爱教育和孩子了。我曾说过："一个日子，一个孩子，就是教育。擦亮每一个日子，陪伴每一个孩子，就是教育的全部。"每一个爱研会的老师，都是擦亮日子、陪伴孩子的人。

我再次想到，不必用堆叠的荣誉来证明老师的成功，我们的光荣就印在历届学生的记忆中！

这本书呈现了爱研会老师们行走的身影和足迹，汇集了我和他们的文字互动。我觉得最有价值的还不是我的文字，而是老师们的成长故事。记录这些故事的文字可能还比较稚嫩甚至略显粗糙，但老师们的感情是真挚的，故事是真实的，思考是真诚的。每一篇文字都散发着校园的气息，每一则故事都蕴含着生命的拔节。

这一群脚踏实地的爱研会成员们，十年前集结于新教育的旗帜下。作为一名教育老兵，我不断从他们身上汲取青春的力量，我愿意继续和他们携手并肩，"向没有被污染的远方出发"……

2021 年 2 月 23 日晚

怀揣初心,仅仅是为了一个单纯的愿望——学习与成长。蒋自立老师振臂一呼,应者云集:北至黑龙江,南到云南、西抵新疆、东达山东,全国除港澳台地区外,会员纷至沓来……

「第一辑」
教育聚义

◎ 李镇西

因为单纯，所以幸福

一

> 我们追寻着，或许已是满心疲惫，正在坚持与放弃间挣扎……
> 我们期待着，或许已是疑窦丛生，正在叩问与麻木间犹豫……
> 我们行动着，或许已是伤痕累累，正在前行与退缩中徘徊……
> 可我们相信——
> 相信种子，相信岁月。种子意味着希望和愿景，岁月代表着坚守和成长。
> 人心不会熄灭，但它可能蒙上灰烬而不再燃烧。拨开灰烬，你会看到重新燃烧的人心。如果你迄今依然没有放弃拨开灰烬的努力，欢迎与我们一起行走。
> 心为火种。

这是2020年爱研会年会的最后一天，老师们在会场发出的集体誓言。当时因为有事提前离会，不在现场，后来老师们通过微信语音发给我。年轻而充满激情的声音，铿锵有力，表达着一群来自全国16个省市的一线教师同样铿锵有力的教育信念。

2011年,一群年轻的老师自发组织了一个网络团队,取名叫"李镇西教育思想研究会",领头的并不年轻,他是已经退休的全国著名优秀班主任蒋自立老师。

蒋自立老师后来曾在一篇题为《总是满天数星斗》的短文中,这样写他的初衷——

> 小时候,繁星满天,我们坐在晒谷场上,满天数着星斗。
> 英俊的父亲来了:"你们看,哪颗星最亮呀?"
> 我们寻找着,
> 父亲似乎有了诗意:
> 天上的星星亮晶晶,
> 总有一颗在心中
> 揣着它,怀着它
> 到时候,又化成满天星!
> 长大了,成了教师,星星在心中闪耀,居然成长为全国优秀教师,进而为一校之长。
> 自我成长,使我明白,办好学校靠教师,靠我这样的"优秀教师"。于是乎,名师工程在我校扎实进行,果然让学校名扬江城。
> 退休后,那明亮之星还在心中闪烁,在网上,我发现了一颗更亮的星:李镇西。
> 我认定他是中国教育的一颗奇星。
> 我认为中国教育要成长,要靠李镇西这样的教师,才能推动发展。
> 于是,2012年元旦,我在网上倡议,"建立李镇西教育思想研究

会",以治疗中国教育的功利之病。

倡议一发出,我像盼星星,盼月亮一样,惊喜地记录着一个个报名者的姓名、省份。

啊,居然有 16 个省市 3000 多名,我数着数着,仿佛看到满天的星斗!

我理解蒋老师的真诚,但他显然把我无限夸大了,至少我不会比他更亮,更不是什么"奇星"。所以当他第一次给我说他的这个想法时,我坚决不同意。

我倒不是怕谁说什么——从年轻时到现在,围绕我的争议和各种说法多了去了,我从不在意;我是担心这个研究会做出什么违规的事,或者成为一个打着我的旗号牟利的机构。我曾写过一组抨击教育浮躁的文章,包括批评有人热衷于占山头、当盟主,拉帮结派、追名逐利。如果现在我同意建立李镇西研究会,岂不是自相矛盾吗?

但蒋自立老师把我打动了。我这里首先说的是"打动"而不是"说服"。蒋自立老师年近七旬,他本人早在 20 多年前就已经是闻名全国的著名班主任和教育专家,可现在如此热心地联络全国热爱班主任研究与实践的志同道合者,希望为中国的教育做一点点事,他说:"这是我余生一定要做成的一件大事!"当然,我不仅仅被他"打动",也被他说服了。他认为,现在表面上看,班主任工作的研究很热闹,但其实真正脚踏实地研究真问题,解决小问题(只有解决了无数个小问题,才能解决中国教育的大问题)的并不多,能够沉心静气地探讨班主任工作的人更少,既然大家都认可李镇西老师,为什么不以此为纽带把大家组织起来呢?大家一起研究班主任工作,这不是坏事啊!蒋自立老师说:"让一群热爱教育并且志同道合的人一起行走,就是我们最纯粹的动机。"

二

已经是高级教师、教育部国培专家的山东杨富志老师曾这样回忆自己的成长——

有一日，读到一篇李镇西老师的文章《谈青年语文教师素质的自我提高》，内容是李老师和徒弟交流青年教师如何成长。李老师认为，教师成长，关键在自己，要学会自我成长，自己培养自己。最入我心的是这句话——苏霍姆林斯基是谁培养的？叶圣陶是谁培养的？魏书生是谁培养的？还不是他们自己培养的！这不就是我苦苦寻求的成长之路吗？我为何不自己培养自己？怎么自我培养？李老师特别强调写作，他语重心长地说："写作，它与实践相随，与阅读同行，与思考为伴。换言之，实践是它的源泉，阅读是它的基础，思考是它的灵魂。"

这些朴实的话语，为一位迷惘的教师点燃了心灯。于是，我照李老师所言去做，不停地读书，不停地反思，不懈地写作，一步一个脚印，一天一点进步。没想到，我这么一个没有任何荣誉头衔的人也能够翩翩起舞，不仅在《中国教育报》《中国教师报》《语言文字报》《中学语文教学参考》《语文建设》《语文教学通讯》等颇有影响的刊物上立言布道，还在全国各地的教师培训会上传经送宝，发出了自己的声音，为普通教师的成长打开了一扇窗。曾经的流言与蜚语，污蔑与轻视竟然在成长中悄然溜走了。

恐怕远在千里之外的李老师根本就不知道，有那么一个年轻的教师，在聆听了他和徒弟的一番对话后，竟蹚出了一条属于自己的崭新的教育之路,而且是一条有意义的路——为那些既无经济基础又无家庭背景还无圆润交际能力的普通教师开辟了一条自我成长的道路。

现在想来,有时候,一个人对一个人的影响可能既不是什么宏论,也不是什么训导,而仅仅是一个鼓励的眼神,一句发人深省的话语,抑或一篇震撼人心的文章……

蒋自立老师说"让一群热爱教育并且志同道合的人一起行走",这句话让我怦然心动。我想,全国各地一定还有许多像杨富志当年这样渴望成长的年轻教师,如果能够因我而聚在一起,这的确是一件有意义的事。

蒋自立老师还拟定了研究会的工作形式:1. 推心置腹:每年与李镇西零距离接触一次,促膝恳谈,分享成长体会,共话人生前程。关键词:信仰。2. QQ群体:建立会员QQ群,实行线上定期交流。每期一个主题,线下准备,线上交流。关键词:分享。3. 博客群体:会员均在新浪开博客。每年初布置研究主题,年中召开小型研究会博客会,年终评选新锐论文,并出版专集。关键词:以文会友。4. 与师切磋:凡看了李镇西老师的博文,有话要说,不同见解,真诚争鸣。关键词:爱师更爱真理。5. 建立网站:到一定时候建立"李镇西研究会"网站。关键词:话语权。6. 公益活动:每年组织多次,如支教、咨询、献爱心等。关键词:感恩。7. 实地考察:每年选1—2个确实有看头的学校,组织会员考察。关键词:走出去。8. 评先奖勤:每年评选先进会员、新锐博文,并给所在单位报喜。关键词:激励。

三

既然如此,我便不再反对。但我一再表明自己的态度:第一,我不参与研究会的任何运作，不担任研究会任何实质性职务；第二，研究会的一切活动都是公益性质的，一律不许收费；第三，我答应每年给研究会的成员至少搞一次公益讲座。

我还在心里对自己提出了一个要求：决不以李镇西研究会的名义向任何成员推销自己的著作和有关资料。

后来这个研究会在蒋自立老师的带领下，居然有模有样地做起来了，不但在民政部门正式登记注册，而且还有一套比较完善严格的管理运作机制，活动也开展得颇有规模和实效。比如，建立了两个QQ群，加入的会员达三千人，每周六都由会员中的优秀教师通过呱呱社区389968开讲座，还建立了荔枝网络电台，给会员们推荐诵读优秀的教育文章；每年评选一次成长显著的优秀教师——"中国李镇西式好教师"，并颁发证书；每年在暑假期间召开一次李镇西研究会年会。

而以蒋老师为代表的研究会核心团队都是志愿者，他们大多是所在学校的骨干教师，也有校长和主任。为了研究会的日常工作，他们花费了大量时间和精力，但分文不取，就只有一个愿望，为全国各地的普通教师搭建一个互相交流和学习的平台。后来，蒋老师主动辞去了会长职务，由年轻的杨富志老师担任，这是一位很有追求也很单纯的教师。常务副会长张学勇是一名乡村小学校长，其事迹被许多媒体报道，感动了许多人。后来他辞去了校长职务，原因很多，但其中重要的原因之一，便是为了有更多的时间打理研究会的日常事务。因为平时和研究会接触不多，研究会的老师们各司其职，所以还有许多工作细节我不太清楚，但我知道，他们的确在默默无闻地无私奉献着。

虽然名为"李镇西研究会"，但更多的时候是老师们之间互相学习。平时通过QQ群，通过呱呱社区，通过博客，通过微信公众平台……大家展开读书交流、案例展示、经验分享，有时候是围绕一个教育话题或难题展开研讨。我有时候也在网上和大家交流，但这种情况不多，毕竟我太忙。

因为我一开始就定下了"不许以任何名义收费"的规矩，因此一年一度的年会，对承办者来说，就不是一件容易的事。但每年都有教育局或学校愿意承办。五年来，成都市武侯区教育局、甘肃庆阳市教育局、湖北仙桃市仙源学校、山东新泰市教育局、广东中山市纪中雅居乐凯茵学校，都先后提供经费和场地承办年会。需要说明的是，每次年会不但不收取会务费，而且有些承办方还提供免费食宿。为此，我心存感激。

四

一年一度的年会，成了全国各地研究会成员相聚的盛会，老师们从四面八方赶赴会场，为的就是互相学习、互相鼓励。为了参加年会，许多老师要克服路途遥远的困难。大多数老师都是自费参会，还有许多老师先坐汽车，然后坐几十个小时的火车，一路颠簸，其艰难程度是我以前难以想象的。

来自山东平原的袁建国校长在网上这样记叙他带着老师们的一路奔波——

> 我们往返乘车都是五人硬卧、五人硬座，原以为可以轮换，既能保证休息，又能节省资金，到了车上才知道，这样轮换是不允许的，没办法，买硬座的老师只能24小时在硬座车厢熬过来。因硬座车厢空间狭小，拥挤不堪，到达目的地时，许多老师的腿脚都肿了。好在我与老师们是一样的待遇，返程的时候也是硬座，心里才坦然了许多。许多老师后来还饶有兴趣地说："这种经历是痛苦的，也是幸福的，这是我们炫耀的资本。"

来自甘肃庆阳的张瑾这样记录她的追梦历程——

  清楚地记得那天我们出发的情形，许多县上的老师比我们城区的更早到达集合地。这里面有几个地处偏僻位置路途遥远的老师，他们是深夜两点就起床，先坐农用车到小镇，再坐班车到县城，然后又转车到市区，最后又坐出租车才赶过来的。更有最为偏远的环县一名老师，提前一天到达市区，在集合点附近找了间招待所临时歇脚。我们28人，兴高采烈、手提肩扛，在集合点全部会合后又一起坐上了开往西安的大巴。在又经历了6个小时的车程后，我们才在西安火车站踏上了真正意义上的梦想之旅。

  大家都是自费参会，加之庆阳的老师原本收入就不高，所以我们不约而同地选择了硬座出行。第一个黑夜，在火车的"哐喊哐喊……"声中，我们勇敢地以欢声笑语战胜瞌睡。但当我们又在"哐喊哐喊……"声中迎来第二个黑夜时，大部人着实支撑不住了。先是一个，两个，后来纷纷闭上了眼睛。回看与困神勇敢做斗争的偷拍者的杰作：在火车有规律地晃动中衣衫不整、摇头晃脑睡觉的姿态真是太好玩了。第三日，我们终于拥抱着朝阳到达了目的地。在下车的一瞬间，大家才发现腿脚肿胀到不能踩地。任何困难也不能阻挡我们前进的脚步，在拥挤的泰安火车站稍事修整，我们又踏上了开往新泰的大巴，欢天喜地地来到了年会会场。

五

  别以为老师们都只是冲着"李镇西"来的——这当然是一个原因，但更重要的是研究会聚集的来自全国各地的一线老师，本身就形成了一个教育理想主义者团队，彼此欣赏、互相激励。所以，虽然名义上是"李镇西研究会"，但实际上并不是围绕我大谈"如何学习李镇西"，而更多的是他们谈自己的成长经历和教育故事，我也结合自己的成长经历，给年轻老师们讲教育故事，或提出一些建议。

比如，2016年在中山纪雅学校的年会上，我做了一个题为《新教育和教师幸福》的讲座，结合新教育实验给老师们讲教育成长和职业幸福。然后蒋自立老师给大家讲了自己的成长经历《我和自己有个约会》。接下来两天时间里，杨富志老师、袁建国校长、谢华老师、李素怀老师、任秀波老师等讲述了他们各自成长过程中的精彩故事。

吉林省公主岭市秦家屯镇的李素怀老师在讲述中，谈到自己曾经因在和"后进生"斗智斗勇的过程中连连失利而开始倦怠、沮丧、焦虑、失眠，患上了抑郁症。后来在网上偶然结识了蒋自立老师，又在他的推荐下加入了李镇西研究会，参加了第一届年会，一下子感到进入了一个充满理想与活力的团队。她说她找到了教育方向，并决定改变自己的教育生活。"在李镇西研究会这个团队里，我和大家利用周六进行研讨共读，自己培养自己，利用网络打通了我与天南海北老师的界限，开阔了我的教育视野。"李素怀老师开始勤奋地阅读，并用笔记录自己的教育工作。她重新审视自己的教育工作，根据农村的特点，尽可能多地和孩子一起玩一起乐，一起成长："我们去田野里捉小鱼，我们去田埂采菊花，我们开垦荒地，我们为小鸟筑巢，我们烤地瓜，我们烧土豆，冬天我们跑到河边滑冰。我也学着李老师买相机，为农村孩子们照相，我开始不再写发泄的文章，而是记录孩子们的成长故事。我渐渐地找到了当教师的感觉。"渐渐地，她的心和孩子们越贴越近，她的班越带越好，媒体开始报道李老师的事迹，后来她还成了《新班主任》杂志的封面人物。她这样结束自己的讲述："四年前，这些我根本无法想象，然而我现在的每一天，都感到快乐和幸福。"

六

　　任秀波老师同样来自吉林,她的讲述也感动了大家。她一开始便讲述自己对"幸福"的理解:"教师的幸福有很多种,获得成功是一种幸福;取得好成绩是一种幸福;转化一名学生是一种幸福;得到家长、社会认可也是一种幸福……"然后她谈到自己开发课程的幸福:"我喜欢和孩子们一起活动,喜欢把一些常识、一些知识放在一系列活动中,跟孩子们一起做着、玩着、成长着、收获着。有人告诉我这就是课程,这些活动就是课程研究。我突然发现课程研究原来是这么简单,这么好玩的事情。我们班的课程还真的不少:'种植''过生日''过节''绘本汉字''图说课文'……我和孩子们都从中得到了无限快乐!今天跟大家分享我们班的'剪纸与吉祥文化'课程。"任老师饶有趣味地讲着她和孩子们通过"剪纸与吉祥文化"课程所发生的故事以及所收获的快乐,还给大家展示了她特意为这次年会所创作的剪纸作品。听着任老师的讲述,我不由得想,哪怕是一个普通老师,其创造的潜力也是无限的。只要有发自内心的追求,任何人都能够把自己培养成一个"卓越的自己"。

　　老师们的发言让我感动。当时我在微信朋友圈写道——

　　听老师们讲述着他们"读李老师的著作成长"的故事,催人泪下,我一下感到了我的存在对许多普通老师的成长还是有一定意义的。在这里,"李镇西"与我已经没多大关系,而只是个符号,用于凝聚一群在这浮躁时代依然理想不灭的志同道合者。年轻的教育伙伴们,我怀揣一颗同样年轻的心,与你们风雨同行!

很快我收到一位朋友的手机短信,说我这样说"不太谦虚"。其实,我这里所谓的"意义",并不是说我给他们"指明方向""提供理论""传授方法"之类的引领,而是说我给他们展示了我三十六年走过的教育路程。而他们从我的成长经历中,看到了一种可能:一个教师,只要不停地实践、不停地思考、不停地阅读、不停地写作,是可以成为一个享受职业幸福的人的。

七

不少没上台发言甚至没有参加年会的老师,也通过文字讲述着研究会对自己成长的影响——

安徽砀山的崔娴老师这样写道:"加入研究会一年半的时间,我从不读书到读几十本书;从不写博文到在新浪安家,开始零零散散地记录自己生命的轨迹;从对现在的学生无所适从到与他们相处和谐融洽,自己想想都觉得幸福。一年来,我和孩子们相处愉快,彼此珍惜一起度过的每一天。星期天、节假日,不时有孩子通过QQ留言咨询一些自己遇到的问题,或者诉说思念。其实每一次看到,心里都充溢着幸福与感动,感谢孩子们对我的信任,感谢一年来有孩子们的真诚陪伴,我才过得如此充实、如此幸福!"

山东泗水张学勇老师说:"研究会就像一个充满动力的平台,给了我成长的动力和展示的舞台,也彻底改变了我的教育观。我跟着团队一路走来,一直在努力,一直在成长,一直在改变——虽然,我不知道我们能走多远,但是我相信:只要走在路上,早晚都会遇到盛典。"

……

的确有不少老师说,是我引领了他们成长。其实真不能说是我引领了他们，这不是我谦虚。他们说我引领的理由，是说他们读了我的书、听了我的报告，就获得了成长，但读过我的书、听过我的报告的人显然不止他们，可为什么是他们获得了成长呢？那是因为他们本身有着不灭的理想，有着成长的欲望，于是他们选择了成长，选择了理想。这刚好印证了我的一个观点：任何人都是自己培养自己的结果。成长是一种自觉选择、自主发展和自由生长。如果没有我的书和报告，他们也会选择其他优秀教师作为学习榜样。

八

但我也有我的不安。尽管最后我还是同意了李镇西研究会的存在，但我一直警惕这个团队过于突出我个人。我曾在群里给研究会负责人写道："我总的想法是，这个研究会是以我的名义聚集老师们，大家共同成长，不要把我弄成'教主'之类。大家尊敬我，我理解，很感动也很感谢，但人格上我们都是平等的。"

李镇西研究会每年都要在全国评选一次"中国李镇西式好教师"。应该说，尽管我没有参与这件事，但据我了解，这件事他们做得很严肃很认真。它不但有具体的标准，还有严格的程序，而且从效果来看，的确是积极的，起到了激励年轻老师成长的作用。山东青岛平度市常州路小学的刘爱玲老师，也曾经在群里这样说过："虽然我在群里经常说'中国李镇西式好教师'评选不评选无所谓，入选不入选无所谓，虽然两次评选两次落选，但如果明年还评选，我会一如既往地报名参加。因为参评本身就是一种勇气，更因为在参评达标的过程中修炼的是自我，成长的是自我，感受的是团队的温暖。这一切足矣！"

但我从第一届评比开始就反对以我的名字来命名这个荣誉称号，他们也同意了。但他们后来依然用这个名字，也许是因为他们没有想到更好的名字吧。这次年会上，我再次提出换名，并书面表达我的强烈愿望——

研究会诸老师：

我一直有个想法，就是"中国李镇西式好教师"这个名称让我不安，不是今天才有的。第一届年会我就提出改个名称，大家也同意了。后来却一直没改，于是我一直不安。当然，我也没想到更好的名字。今天我想到一个名字，我觉得挺合适的，就是"孩子爱戴的幸福教师"，简称"幸福教师"。这个称呼既体现了教育的宗旨是为了孩子，也表达出"幸福比优秀更重要"的理念。

希望能够考虑。

我对他们说："现在全国各级评优选先，有'优秀教师'，有'骨干教师'，有'特级教师'，就是没有'幸福教师'。我们就用这个称呼，不也很好吗？"我还说，别在这个荣誉称号上冠以"中国"二字，虚张声势，没有意思。

九

这次我的呼吁得到越来越多的老师的理解与认可。广东中山的高级教师黄建军在博客中回忆自己参评"中国李镇西式好教师"的经过与感受——

2013年加入李镇西研究会的时候，就知道有一个"中国李镇西式好教师"的评选活动，但我一直都没有参评的想法，因为我觉得自己无论如何也配不上这样一个称号。本人生性寡淡，并不热衷外在荣誉和名利。加入研究会，纯粹为了成长，并没有以此积累资历，换取评选筹码之类的考虑。2015年3月，在杨富志老师的"怂恿"下，我终于申请了参评"中国李镇西式好教师"。在团队的两年多时间，通过研究会扎扎实实的读书、研讨、写作等活动，我这个已经获得高级教师职称的老教师也得到提高，多读了一些书，多写了几篇文章，更加乐于享受教育生活，虽然我依然配不上"中国李镇西式好教师"这样的荣誉称号。如同我清楚拿到了高级教师职称并不等于我真的高级了，我也知道获得"中国李镇西式好教师"荣誉不等于我就有多优秀。我没有把这一民间荣誉视为闪耀的桂冠，而是把这自己申请的称号当成富志所说的"紧箍咒"——时时刻刻都记得用心做一个"自己培养自己，坚守常识，坚持朴素，幸福比优秀重要"的老师，懂得并寻求教师职业的内在尊严与职业幸福。我的参评是态度，更是选择。参评不是我有多优秀，而是我选择和大家一起走向优秀。随着我对李镇西老师更深入的了解，我不再担心这样做被人指责为不成熟或幼稚。研究会并不像那些不了解的人所说的"搞个人崇拜""造神""拉帮结派"，这些也是李老师不认可的。对于各种质疑与非议，我可以理解，但是有时候旁观者迷，当局者清。在我们研究会，大家都是李镇西的粉丝，但是我们不是"脑残粉"。我们不搞人身依附，也不把李镇西老师当教主膜拜。一群有梦想的教师，以李镇西为名而聚集在一起，有何不可呢？我想对于倡导民主教育的李老师来说，他也不希望看到一群没有自我的教师。他支持、鼓励研究会并不是因为大家对他的崇拜，而是赞赏团队的运行活力，感动于一线教师的成长渴求。李镇西老师多次提出研究会评选"中国李镇西式好教师"称号改名，我认为应该尊重。

最初提议用"中国李镇西式好教师"这个名称的蒋自立老师也对我表示理解与赞同，他还帮着我说服大家："我们应该尊重李老师！"当然，是不是用这个"幸福教师"的名称，大家说还可以再想想，说不定还有更恰当的名称，但无论如何，下一年的评比肯定不会再用"中国李镇西式好教师"这个名称了。

十

但李镇西研究会毫无疑问将继续存在，因为这个平台属于我们大家。研究会不会给任何老师带来任何功利方面的好处。互相鼓励、自我成长就是它唯一的功能。从一开始，它就引起一些人的误解，没关系，也没有必要用语言去解释。朴素的行动，执着的追求，坚守的姿态，成长的足迹……就是最好的解释。

最近，"初心"二字被频频提及，我一直对老师们强调——当然，也这样告诫自己，我们当老师的一定要随时提醒自己工作之初的情怀。第一天踏上讲台的时候，我们是那样的纯粹，没有功利心，没计较过收入，没想过如何算工作量，也没想过什么"教坛新秀"什么"市优青"什么"省级骨干教师"之类，想的只是怎样把眼前的这一堂课上好，怎样把眼前这群孩子带好。那时候，教育就是教育，而不是荣誉，不是职称，不是论文，不是课题……课堂上孩子们一双双亮晶晶的眼睛，下课后孩子们一声声无邪的笑声，就是我们全部的追求。因为单纯，所以快乐。

我愿意把我曾经发在互联网上的一段文字作为本文的结束——

天各一方的老师们，也许我们很难见面，甚至一辈子没机会握手拥抱，但有了这个研究会，我们便心心相印、息息相通。在这个嘈杂喧嚣的时代，总有一群人愿意互相携手默默前行，不为名不为利，就为保持内心的童真，就为自己从教之初的教育憧憬！

有人曾悲观地说："在这个浮躁的时代，理想处处碰壁，要想不浮躁都不可能！想真正静心做事很难！"

不可能吗？很难吗？那好，愿我们一起为这个时代创造一个又一个例外。

2016 年 7 月 14 日—31 日
于旅游途中断断续续写成

◎ 李镇西

成长比名分更重要

——就李镇西研究会更名为"爱心与教育研究会"
致全体会员的一封信

亲爱的李镇西研究会全体会员们:

你们好!

经过和李镇西研究会会长杨富志老师以及新教育理事会商量,我决定将李镇西研究会正式更名为"爱心与教育研究会"(可简称"爱研会",全国各地的李镇西研究会分会也相应改名),我希望并且也相信能够得到你们的理解与同意,就像你们去年理解和同意我将"中国李镇西式好教师"更名为"幸福教师"一样。

特别要感谢我敬爱的兄长蒋自立老师!2012年,他亲手创建了李镇西研究会,并以此聚集了全国数千名(正式注册的有三千三百余名)渴望成长的一线老师。要论名气,蒋老师在20世纪80年代便是全国闻名的优秀班主任;要论影响,蒋老师关于"自我教育"的研究与实践走在了我国相关领域的前列。但是,蒋老师却心甘情愿为他人作嫁衣裳,不辞辛劳创建李镇西研究会,为全国成百上千素不相识的年轻老师搭建成长的平台;平台一旦搭建好,蒋老师便辞去会长职务,隐居幕后,默默地为老师们服务。如此宽广的胸襟，如此谦逊的情怀，如此高风亮节，不是一句感动就能够表达我的崇敬之情的。但我还是要代表李镇西研究会所有会员向德高望重的蒋老师表达敬意！

大家早就知道，我一开始就不赞同以我的名字成立李镇西研究会。这既不是因为我的所谓谦虚，更不是怕别人说三道四，而是真心觉得——我李某人有什么值得研究的？但我确实被蒋老师和年轻的老师们感动了，不是感动于对我如何尊敬，而是感动于大家自我成长的愿望和朴素无华的行动——每年年会那么多的老师自费长途跋涉就让我震惊。我意识到，所谓李镇西研究会，其含义并非是望文生义的研究李镇西，而是以"李镇西"的名义聚集起来，研究教育，研究成长，研究专业发展，研究职业幸福……而且这种研究都是行动研究，也就是说，研究即实践。通过这些行动研究，确实有一大批本来普通的老师走向了优秀，更获得了职业幸福。

于是，我不但同意了李镇西研究会的存在，而且还支持大家的活动。我提出了"绝对公益"的原则：任何活动均不收一分钱，也不以各种名义推销任何书籍和资料，举行会议不收会务费……总之，决不允许以"李镇西研究会"的名义从事任何形式的牟利活动。我非常高兴，六年来你们一直坚持了这个原则。所以每年无论多忙，我都参加年会，而且义务为大家做报告。这个研究会实际上是一个自主成长的团队——互相培训、彼此取经、共同提高。我想，如果我顾忌以自己的名字冠名研究会，却无视这个研究会所起到的促进老师们成长的积极作用，那才是真正的虚荣！

现在之所以要更名，是因为我们研究会要整体加入新教育实验——这也是我们许多老师的愿望，如果继续用李镇西研究会这个名字就不妥当了。作为新教育的机构，都是以研究内容命名的，比如新阅读研究所、新生命教育研究所、新家庭教育研究所、新公教育研究所，等等，还没有用人名作为研究所名称的情况。所以我和杨富志等人商量后，决定更名。那么改一个什么名字呢？有老师提了不少建议，其中武建君老师建议更名为"爱心与教育研究会"，我觉得挺好。"爱心与教育"既有我的教育风格，又有很大的包容性——教育的所有内涵，都和爱心相联系。而新教育实验的宗旨"过一种幸福完整的教育生活"正是一种教育的大爱。

更名并纳入新教育大家庭后，和原来的李镇西研究会相比，现在的爱心与教育研究会一切都没变："因成长而相聚"的初衷没有变，"互相学习，共同进步"的意愿没有变，组织结构和管理机制没有变，自我教育、彼此帮助的模式没有变，包括平时的在线活动和一年一度的年会及"幸福教师"评选等统统都没变。虽然加入了新教育团队，但我们在日常运行方面有相对的独立性。

既然爱心与教育研究会属于新教育理事会旗下的团队，那我以新教育研究院院长的身份，参与大家的活动就更方便了，今后和大家的接触也会更多。我会继续帮助大家的成长。我会依然坚持每年参加研究会的年会，给大家义务做报告，和大家相聚。对老师们来说，在新教育实验这个平台上，爱心与教育研究会开展活动的空间会更广阔，老师们成长的机会会更大，专业学术视野会更开阔。比如，新教育每年的实验区工作会、年会和国际论坛以及各实验区的开放周，都会给爱研会以参会的名额，包括新教育的各种评比，爱研会的老师都有资格和机会参与。

当然，在享受权利的同时，也得承担义务，这义务就是老师们要根据自己的实际情况，以各种方式践行新教育理念，加入新教育实验。哪怕是你所在学校和地区没有加入新教育实验，这也不妨碍你从事"一个人的新教育实验"。实际上我们现在的李镇西研究会里，已经有相当多的老师本身就是新教育实验的参与者，并已经出现了许多优秀的老师。我期待着，在爱心与教育研究会里，涌现出更多的新教育榜样教师！一定会的。

我要特别向以杨富志老师为代表的原李镇西研究会现爱心与教育研究

会的管理团队表达敬意。他们在繁忙的本职工作之余，不辞辛劳，不拿报酬，为老师们服务，令人敬佩。所有研究会的老师都应该感谢他们！

我多次说过，幸福比优秀更重要；今天我要说，成长比名分更重要。无论我们的团队是什么名称，成长是我们永远的主题。既然我们是因成长而相聚，那么现在我们相聚了，成长了，又何必在乎是什么名字呢？我的名字曾经（或许现在依然）有凝聚普通老师的作用，我现在依然愿意以兄长的身份和老师的资格为大家的成长助一臂之力。但我们的团队不需要被顶礼膜拜的偶像，不需要拥有绝对权威的"教父"。虽然我比大家年长（所以我说我可以当你们的"兄长"），虽然我的教育经历比大家丰富（所以我说我有资格当你们的"老师"），但我依然需要学习，而且是向你们学习；我也需要继续成长，而且在成长的路上，我们是平等的。

亲爱的三千三百位会员们，你们都是遍布祖国东南西北、四面八方的普通老师，虽然我不能一一叫出你们的名字，甚至我们今生今世可能都不会见上一面，但因为爱心，因为教育，因为成长，因为爱心与教育研究会，我便能够听到你们的心跳与呼吸。我的心和你们紧紧地贴在一起，永远！

你们真诚的朋友与领跑者　李镇西

2017 年 9 月 22 日晚

写于河南郑州至贵州铜仁的航班上

◎ 李镇西

我们也可以成为中国教育的脊梁

——给爱研会老师的一封信

亲爱的老师们：

你们好！

今天我想给你们提下面几条建议：

第一，学习李镇西。我比你们教育阅历深一些，如果没有一点点可供你们学习借鉴的东西，那我教了几十年的书等于白教了。当然，教育的确是充满个性的活动，一些做法不可生搬硬套，但教育也有许多共性。因为有共性，才有了学习与借鉴的可能。我有哪些方面值得你们学习的呢？我有童心，喜欢和孩子打交道，离开了孩子，我就不习惯。这点肯定值得你们学习。我有爱心，但这个爱不是迁就与纵容，而是负责任的爱，包括对孩子长远发展的爱，更重要的，这个爱心充满了民主精神。这也值得你们学习。我有事业心，把工作当事业来追求，把事业当学问来研究，把工作、事业、生活融为一体，这最值得你们学习。我的教育生活可以用四个字来概括：做、思、读、写——也就是实践、思考、阅读、写作。我要特别强调的是，最重要的是"实践"，其他三点都是次要的。在我的班主任生涯中，我可以说是"泡"在了学生中，和他们一起摸爬滚打，一起喜怒哀乐，在实践中破解一个又一个难题。班主任工作首先是全身心投入的体力劳动，所以你们一定要特别投入地把班带好，想方设法地带好！我希望你们每一个人所带的班，一定要是所在学校和年级最优秀的班！在充分实践的基础上，或者说在把班带好的基础上，再有思考精神、阅读习惯和写作能力，那就如虎添翼了。所以，童心、爱心和事业心，是我值得你们学习的地方。

第二，批判李镇西。这里的批判是指不迷信，以科学的态度对我进行研究，包括否定或超越。我的班主任工作深深地打上了我个人的风格和时代的烙印，毫无疑问也有着许多局限。比如，我的"未来班"就鲜明地打上了20世纪80年代的印记，其中有许多可贵的精神养料，但也有着明显的不足。如果一味迷信，显然不妥。我真心希望你们能够平视我的一切，冷静而理智地分析研究我的教育实践和观点。对我的著作，更不能抱着"句句是真理"的盲从态度。实际上，我现在读我过去写的文章和著作，自己都感到有许多不足，有的应该完善，有的应该补充，有的应该否定。我也常常反思自己。几年前，我曾在《心灵写诗》中对自己进行过解剖。我把自己同北京已故著名特级教师孙维刚老师比较，深感他既有浓郁的人文情怀同时也有着丰厚的科学素养，这体现在他的班主任工作和数学教学过程中。他曾对我说过，他常常利用教学时间给学生讲学术发展史，讲科学发现或发明的经过，讲科学家的故事，这些讲述既传输唯真理是从的献身精神，也启迪学生的科学思维。在和孙维刚老师聊天的过程中，我就感到了自己的某些不足。我和著名特级教师程红兵是好朋友。我曾开玩笑似的说："我感到，程红兵的教育教学，更多的是求真，目的是让学生更聪明；我的教育教学，更多的是求善，目的是让学生更善良。当然，我说的是'更多的'，而不是他就不教学生求善或我就不教学生求真！"说这话的时候，我真的是这样想的。从总体上说，我的班主任工作"重人文，轻科学"。虽然，二十多年来，我不是一点都没有对学生进行科学思维和科学精神教育，但相对于人文，毕竟要薄弱得多！这里，我只是对自己进行了一点肤浅的解剖，我值得解剖的地方还很多，而我希望大家在向我学习的同时也做我的解剖者，这就是我说的"批判"。

第三，超越李镇西。学习李镇西，批判李镇西，最后是为了超越李镇西。在我看来，如果老师们学习李镇西的结果，是成为第二个、第三个、第N个"李镇西"，这是你们的失败，也是我的失败。陶行知早就说过："教师的成功是创造出值得自己崇拜的人。先生之最大的快乐，是创造出值得自己崇拜的学生。"——你们看，学生超越老师到值得老师崇拜了！这里，我要特别指出的是，所谓超越，就是形成自己的个性。我说过，教育是充满个性的活动。这里的个性，既指面对千变万化的教育现象所采用的"一把钥匙开一把锁"的方法，也指每位班主任在教育实践中所呈现的独特风格、独特模式、独特气质、独特魅力，等等。是的，任何一个杰出的教育专家或优秀教师，其教育模式、风格乃至具体的方法技巧都深深地打着他的个性烙印。也就是说，他们的生活阅历、智力类型、知识结构、性格气质、兴趣爱好以及所处的环境文化、所面对的学生实际等因素，就决定了任何一个教育专家都是唯一的、不可重复的。这就是为什么不少人苦苦学习魏书生却成不了第二个魏书生的原因，也是为什么许多优秀教师的先进经验难以大面积推广的重要原因。我这样说，当然不是反对向优秀教师学习，而是想说，向优秀教师学习主要是学习其教育思想，而不是机械地照搬其方法；其先进的教育思想也必须与自己的教育实际和教育个性相结合，只有这样才能将别人的精华融进自己的血肉。所以，老师们，你们千万不要想着从我的著作中能够找到拿来就用的东西。在《和青年校长的谈话》中，苏霍姆林斯基有几句话说得非常精辟："某一教育真理，用在这种情况下是正确的,而用在另一种情况下就可能不起作用,用在第三种情况下甚至会是荒谬的。"因此,全盘照搬我的做法而不勇于超越形成自己的东西,永远不会成为真正优秀的教育者!

第四,解放李镇西。解放李镇西是什么意思呢?就是希望你们不要把我当作包治百病的神医,无论在工作中遇到什么难题,都向我请教,希望从我这里得到灵丹妙药。我引用的苏霍姆林斯基的那段话已经表明,教育上的万能钥匙是不存在的,我更不可能包治你们的百病,你们的具体困难最终还得靠你们自己去解决。何况,我的精力也不允许我花过多的时间为你们出谋划策,甚至不可能把你们写的随笔都一一看完。我现在最怕打开信箱,因为一打开信箱各种求教或求救的信便扑面而来,还别说思考,就是公式化地把这些信一一回完,我的时间都不够!因此,所谓解放李镇西,就是要在时间上精力上解放我,让我能够活得主动些自如些。上周我在操场上突然昏厥,医生说就是和过度疲劳有关。我还想活到共产主义实现那一天呢!呵呵!所以,你们一定要"解放"我!这么一说,有的老师会说,那难道李老师就什么都不做吗?当然不是。我的主要作用是思想引领,尽可能引领大家在一种平等的氛围中交流、切磋、争鸣、碰撞,给你们出些研究题目让你们思考,以各种形式督促你们做好"做""思""读""写",如果有时间可以参与你们的讨论,等等。

亲爱的老师们,我知道你们真诚地尊敬我,你们对我的纯真情意让我感动。最近一周来,因为我突然生病,你们那么牵挂,不断打电话或发短信给我,我感到无比温暖。你们在平时的言谈中向我表达了足够的敬意,我感谢你们!但是,我不希望你们把我当作呼风唤雨的"英雄"。我愿意我们成为教育探索道路上志同道合的同志和并肩奋斗的战友!我们都是普通的教育者,但我们的追求可以不平凡!写到这里,我想到我几年前写的《重建教育理想》中的几句话,我把这几句话引用过来作为这封信的结束语，和各位共勉——

　　中国教育也的确需要一批乃至一代把教育当作事业而不仅仅是谋生饭碗的教育者。他们应该有直面现实的勇气，有超越苦难的精神，有披荆斩棘的双手，有遥望未来的眼睛；在他们的心中应该永远燃烧着教育理想主义之熊熊火炬！……茫茫人海，如蚁人生，我们个人的确太渺小，但作为知识分子，我们可以使自己的灵魂接近高尚，使自己的心灵自由地飞扬。鲁迅曾经说过：中国历史上从来不少埋头苦干、拼命硬干、舍身求法的人，这些人是中国的脊梁。我以前都只把这当作"名人名言"，但今天，我愿意和所有教育界的有志者一起，实践这句话——我们也可以成为中国教育的脊梁！

你们的朋友李镇西

2012 年 7 月 30 日

◎ 杨富志

从一团火到满天星

无穷的远方，无数的人们，都和他有关。——题记

我的成长，令她惊讶

公元 2020 年，秋。

山东曲阜。

在这个被世人誉为圣贤之乡、礼仪之邦的地方，一场班主任培训正在举行，我应邀向老师们讲述自己的教育故事。

全场老师显然被我的故事吸引了，我从他们的专注和感动的表情中，感受到了大家的共鸣。无意中，我看到了一张熟悉的脸。原来是她，师范院校的同班同学。

休息时，老同学走过来说："我记得在校期间我可比你优秀多了。没想到现如今的你，已是专家，而我……可否向我透露一下你成长的秘诀？"

我说："说来话长，容我慢慢道来……"

振臂一呼，应者云集

关于我成长的秘诀，其实就是学最好的他人，做最好的自己。你若问我，我心目中最好的他人是谁，我会非常自豪地告诉你，他就是被苏霍姆林斯基的女儿卡娅誉为"中国苏霍姆林斯基式的教师"——李镇西！

2012年1月的一天早上，我一登录新浪博客就发现有人给我发了一张纸条，我打开纸条一看，便看到了一首诗："志当存高远，学富已五车，友多乃财富，二者均拥有，扬名岂山东？"

这是谁写的纸条呢？我赶紧往下看落款，"李镇西教育思想研究所"这十个大字跃然入目。

因为先前已读过李老师的成名作《爱心与教育》，早已暗生仰慕之情……突然间，一个以他的名字命名的组织留言于我……对此，我感到既惊喜又诧异。在好奇心的驱使下，回复道："请问李镇西教育思想研究所是什么性质的组织？"

"李镇西教育思想研究所是湖北自我教育研究专家蒋自立老师发起成立的教育科学研究机构。其宗旨是学习李镇西，培养'中国李镇西式好教师'。你是否有意参评'中国李镇西式好教师'？"

你想，有这样的好事，谁会拒绝呢！我幻想与他相会时的情景，合影、握手、拥抱、请教、聆听……那该是一件多么美妙的事啊！

后来才知道，给我留言的，其实是蒋自立老师。他是湖北的一位教育大家，一辈子痴情教育，退休后，依然情系教育，身退心不退，还寻思着为教育做点事！这不，被李老师誉为"思想不老永年轻"的蒋老师，认为李老师是中国教师的榜样——自爱而博爱、自学而博学、自强而自立，而且拥有自我教育的大智慧，为中国教师走出了一条自我成长、自我培养的成才之路！这是教育界的一大奇迹……如果一个学校，有 10%~15% 的教师像李镇西那样，那么这个学校就是一个了不起的学校！

有想法就有做法，蒋老师激情澎湃地大手一挥，做出了一个重大决定！成立李镇西教育思想研究所，即后来的李镇西研究会，也就是现在的新教育理事会爱心与教育研究会。

蒋老师振臂一呼，应者云集！北至黑龙江、南到云南、西抵新疆、东达山东，全国除港澳台外，会员纷至沓来……

挖一方池塘，让每一个生命在这里潜滋暗长

就像美国思想家梭罗在《种子的信仰》里描述的那样："如果你在地里挖一方池塘，很快就会有水鸟、两栖动物及各种鱼类，还有常见的水生植物，如百合……"

我们所做的就是挖一方池塘，聚集起鲜活的生命，让他们在这一方池塘里成长为最好的自己！

我可以自豪地告诉你，我们所挖的这一方池塘，是生态的、公益的。这里不是名利场，每一个来这里的教师想法都非常单纯，就是最简单最朴素的两个字——成长——为了更好地教书育人而成长自己。除了成长，没有其他。如果非要说有什么功利的话，我想应该这样的功利——功在当代，利在千秋！对此，李老师再三申明，他不当"教主"，不允许会员打着他的旗号行事。他说他只不过比我们年长几岁，多读了几本书，多发表了几篇文章而已……当然，他非常愿意在前面为我们领路，我们更愿意牵着他的衣角前行。每周六晚上20:00，我们都不约而同地云集到呱呱社区，以云学习的方式，围绕李老师所倡导的"五个一"各抒己见，共话成长。

不管是谈读书、论写作、说课堂，还是话沟通、议思考，也不论是南腔还是北调，都争先恐后地"抢麦"——或高谈"如何与孩子进行非暴力

沟通",或阔论"幸福比优秀重要",或论述"教育,这首先是人学",或演说"耐心比爱心重要",或呼吁"相机诱导,为未来而学,为未来而教",或呐喊"孩子需要指点,但不需要指指点点"……凡此种种,不一而足。

只要参与,就有成长。

每一次活动都是一次成长的盛宴。李老师说,如此坚持个三五年,抑或是七八年,想不成功都很难。自打爱研会 2012 年 7 月 25 日宣布成立以来,10 年间,我们策划、组织了 365 次活动。

365 个夜晚的坚守,365 次成长蝶变,无不验证着新教育那句话——

只要行动,就有收获;只要坚持,就有奇迹;只要前行,就有庆典。

新疆的黄薇老师,就是一个典型。自入会以来,她紧跟团队,奉行三个开始:"成长从参与开始""发展从排麦开始""蝶变从参评开始",周周参与,次次"排麦",果断"参评"。目前,已经获得第七届"爱心杯"优秀班主任的她,正在祖国的边疆,过着幸福的教育生活。

"爱心杯"优秀班主任评选是爱研会的重头戏,我们每年都要评选出 3—5 名"像李镇西老师那样热爱学生,像李镇西老师那样师德高尚,像李镇西老师那样教学娴熟,像李镇西老师那样能说会写,像李镇西老师那样反思成长"的优秀教师。

为什么说黄薇老师的"蝶变"是从参评开始的呢?因为我们有一套完整的参评闯关程序,我们把这套程序称之为教师成长的"螺旋桨"。可以说,谁参评,谁成长,谁卓越。

参与"爱心杯"优秀班主任评选的会员都知道,只有一步一步地闯关成功,才能获得这一殊荣。

第一关:面试。爱研会组织专家对参评者以答辩的形式进行网络面试。面试合格,才有资格参评。

第二关：填表。参评者需完成 10000 字的"爱心杯"优秀班主任参评表。这个申报表可不一般，每位参评教师拿到申报表都会惊讶不已。其中包括 1500 字的像李镇西那样热爱学生的故事、1500 字的像李镇西那样师德高尚的故事、1500 字的像李镇西那样教学娴熟的故事、1500 字的像李镇西那样能说会写的故事、1500 字的像李镇西那样反思成长的故事……参评者梳理各种故事的过程其实就是一个对自己的教育教学重新认知、定位、期许的自我教育过程。

不仅如此，该表格还需要向亲人、领导、同事、学生、家长征集对自己的评价。诚然，所有的评价，不可避免地会出现一边倒、全是好的现象。但有智慧的参评者一定能从评语中看到未言及的内容，从而引发反思。所以，这一过程也是一个自我构建与认同的他我教育的过程。

该表格充分诠释了蒋自立老师的教育智慧——真正的教育是自我教育与他我教育的完美融合。

参评是一个非常复杂的过程，也是一个非常有意义且令人终生难忘的过程。如果不是参评，也许有的教师一生都没这样的机会全方位认识自己。很多参评者在收到亲人、领导、同事、学生、家长的评价时都会感慨万千，潸然泪下，从他们的评价中汲取了成长的营养……

第三关：试讲。参评教师要在呱呱社区线上试讲 45 分钟。

我们认为，最好的培养就是让教师讲。可别轻视这 45 分钟的试讲，有的参评教师从未做过讲座，面临着一个"讲什么，怎么讲"的问题，他会经历一个"晦暗了又明晰、明晰了又晦暗、尔后最终永远明晰了的大彻大悟"思维过程，这就是最好的历练与成长！

第四关：综评。闯过了第三关，评委会将公平公正地对参评者依据其对李镇西老师"五个一"的践行度、呱呱社区参与度、总群活跃度、呱呱试讲得分、文章发表数量以及为爱研会志愿服务六方面进行综合量化评定,综合评定名列前茅的闯入第五关,也就是最后一关——参会!

参会吧!一次次的参会,
就是为了寻找到令自己惊讶的我

你肯定想不到,参会竟然是最后一道关,也是最难的一道关。前面讲过,我们的理念是最好的培养就是让教师开讲。试讲是让他们在云上开讲,参会就意味着开讲的地点由云上转到地上啦!同样是讲,地点的变化,产生了天壤之别!

在会场,你在台上讲的时候,台下坐着两位导师,一位是蒋老师,一位是李老师,他们像"中国好声音"的导师一样,要选拔和培养"中国好老师"呢!要知道,不是谁都有机会得到两位大家的指导,而"爱心杯"优秀班主任获得者就有这样的成长机遇。先说蒋老师,这位"思想不老永年轻"的导师非常喜欢"导",你一讲完他就拿起话筒"导"你,"导"得你大彻大悟的同时又热血沸腾。再说李老师,你在台上讲,他在台下听,故作漫不经心状,其实格外在意、上心。你一讲完,他就与你互动,互动时,喜欢幽你一默。有人说,幽默是一种智慧,"李氏幽默"不仅智慧,而且温暖,让人在欢笑中明白了自己的长处与短处。这就让那些闯关者轻松起来,不再患得患失、焦躁不安,演讲就会出彩。

这方面,第四届"爱心杯"优秀班主任获得者,来自吉林的任秀波老师就是一个典型。2016年7月12日下午,在广东中山市纪中雅居乐凯茵学校的礼堂,任秀波老师正在分享她的班本课程:《剪纸与吉祥文化》。在分享过程中,任老师先后展示了三幅剪纸作品。

第一幅是会名剪纸"李镇西研究会",当作品展开时,全场轰动,啧啧称赞："太精美了！"任老师介绍说："这幅作品以祥云为背景，以百鸟朝凤为主题，寓意李老师和蒋老师栽下梧桐树引得凤凰来，才有了爱研会每年一次百鸟朝凤一样的盛会。"

第二幅作品"百福图"，由百余种不同字体的"福"字组成，字字神韵。当任老师说要把作品送给李老师的时候，李老师眉飞色舞地说："哎呀，这个太好了，太珍贵了！这就是我们新教育所倡导的卓越课程啊！秀波啊，你一定要继续好好做下去，将来你会了不起的！我太感动了，必须给个拥抱。"说着张开双臂走上舞台，给了任老师一个深情的拥抱。

最后，任老师又拿出一幅"八仙贺寿图"送给可亲可敬的蒋老师，在她心里蒋老师就像老神仙一样永葆青春。蒋老师开心地走到舞台上，他笑着对李老师说："我可不像你那么小气，就一个拥抱，我只有一个儿子，还没有女儿呢……"大家都欢呼起来，幸福来得就是这么突然，任老师激动地紧紧拥抱蒋老师……

两位导师温馨的话语，抚慰着我们，像缓缓流淌的溪水，滋润着一颗颗新教育旗下的教育心，让我们一回忆就觉得幸福、甜美。

不仅如此，年会上还有自导自演、自娱自乐的一场场晚会。

新教育是什么？我认为，新教育就是一个长大了的孩子带领一群正在长大的孩子玩，玩着玩着就一起过上了幸福完整的教育生活，会玩就是教育。每届年会，我们都要办一个文艺晚会。我们的晚会，不求完美的艺术，只求开心快乐。这一点令我们回味无穷——不必说任秀波、张雁、王丹凤等女老师的旗袍秀精美绝伦，让人耳目一新；也不必说王军、夏婷老师带着"会二代"表演的海藻舞，搞怪逗笑，令人捧腹大笑；更不必说二胡、笛子、葫芦丝、腰鼓等民族乐器轮番上演……单是黄薇老师深情朗诵的《爱研会，追梦者心灵栖息的家园》，就令人动容——

爱心与教育研究会

您是追梦者的家园，是新教育的小天地

您是迷人的圈子，成长的舞台，学习的共同体

……

九年来

天各一方的教育追梦人有了共同的精神家园

天南海北的教育追梦人每个暑假都要大团圆

九年来

尽管教育的思潮车水马龙，但是新教育的火种

让我们相信：有光才有远方

九年来，我们手挽着手，风雨同舟，一步一个脚印

从四川成都出发

我们牵着李老师的衣角

一起走了

湖北仙桃、甘肃庆阳、山东新泰、广东中山、河南洛阳、福建厦门、山东宁阳、云南昆明，一直走向更多更远的地方

九年来

教育的追梦人脚步不止，行有方向

尽管教育的思潮车水马龙，但新教育之火

让我们

聚是一团火

散作满天星

立是一面旗

倒是万粒种

……

如此这般，也会惹得李老师童心大发，忍不住要"露一手"，与大家同乐。

7月12日20:00。

广东中山市纪中雅居乐凯茵学校的礼堂。

"西粉"们要自娱自乐了。我原以为，劳累了一天的李老师，应该不参加晚会了，谁知他却说要参加！节目伊始，李老师只是个热情的观众，不时用手机拍拍照片，不时热烈鼓掌、连声叫好。忽然，主持人说："接下来，我们有请李老师为大家表演一个节目！"台下响起雷鸣般的掌声！

李老师"腾"的一下站起来，拿起话筒，走进主席台旁边的准备室。就在大家嘀咕观望时，只见李老师像明星一般，大摇大摆地走了出来，一边向观众挥手，一边大声喊道："你们好吗？"

"好——"

"像我这样的明星大腕，没有出场费，我一般是不会唱的！不过，今天我高兴，就给大家唱一首好听的歌曲！我就来一首《在那桃花盛开的地方》……"他那装模作样的情景，不仅把我们逗笑了，他自己也情不自禁地笑了起来。

突然间，李老师高高举起右手，潇洒地打了一个响指，霸气地来一句："Music！"台下欢呼雀跃，掌声如潮！调皮的会友还拍着桌子尖叫了起来！

音乐响起，李老师深情而专注地唱起了"在那桃花盛开的地方，有我……"精彩的演唱惹得"西粉"们掌声、尖叫声不断！有狂热的粉丝拿起讲台上的假花跑上前去献花，还有"西粉"把丝巾当哈达给李老师围上。这一献一围不要紧，李老师又装起明星大腕来，冲下台来，和"西粉"们一一握手。

在互动中，李老师偶尔让"西粉"们接唱，偶尔自唱，忘词就"哒哒哒"地唱出调来，很有大明星的风采！"西粉"们骚动起来，我假装担心现场失控的样子，一个箭步冲上去，挡在李老师的前面，阻挡"躁动"的"西粉"们。期间，有个"西粉"很狂热，还被我"踹"了一脚，待我和另一个"保镖"把李老师"架"到舞台上的时候，大家都笑作一团。我也笑得直不起腰来，跌坐在座位上。这一幕，我们就像孩子一样开心。

第二天下午，我们要和李老师照相。李老师眨了眨眼，对我说："我们照张好玩的。""怎么照？"他边示范边说："你挽着我，我挽着你。双手摆成心形！"我高兴地模仿起来。这时，李老师转头看到我的"心"不无嘲笑地说："你这哪是心啊！"于是，手把手地教我。期间，又加入了三个"西粉"。这时，有人提醒："把左腿抬起来，把左腿抬起来……"

当我们观看照片的时候，我们又笑作一团。原来照片就像五个不会跳舞的人在那里跳天鹅舞，要多滑稽就多滑稽，于是，李老师戏称我们为"五只老天鹅"。

我打趣说："简直就像老顽童！"

"完全正确，教育的真谛就是玩儿！就是和孩子们开心地玩儿！"李老师说。

这时，我想：不管李老师的头衔多么耀眼，他从来都没忘记他是一个教师。从这一点来看，我们和李老师拥有一个共同的名字，那就是教师！而且，我们和李老师都做着同样的事，那就是教书育人！从今以后，我们要和李老师一起好好地玩教育！殊不知，一个教师，如果童心未泯，那他的教育生活就会多彩多姿，令人着迷。

令人着迷的是晚会，令人垂涎的是晚餐。

年会期间，总会抽出一晚上的时间，大家好好聚在一起，喝酒、吃肉、侃大山、敬酒、交谈、谋新篇。新疆的哈密瓜、广东的菠萝蜜、吉林的葡萄酒、甘肃的米酒、山东的煎饼、四川泸州老窖、山东德州扒鸡、安徽六安瓜片等地方特产，摆出来，分享着，会员们大快朵颐！

聚餐，不仅是品尝美食，也是听李老师报告后的交流会。

——我们要一贯坚持以"爱心"为教育主线，学会用儿童的眼睛去观察，用儿童的耳朵去倾听，用儿童的大脑去思考，善于捕捉关注每位学生的成长，以心灵赢得心灵，以真诚换取真诚。只要坚持，就能上路；只要坚持，就能遇到盛典。

——从学生角度讲，朴素比特色更珍贵，幸福比优秀更重要，坚守"爱心、尊重、理解、民主、自由、平等、个性、创造、宽容"的育人方法；从教师角度讲，追求幸福至上，让关键人物影响我们，关键事件助推我们，关键书籍提升我们。

……

大家边吃边谈，各抒己见，好不热闹！那一刻，我们知道了什么叫"教育聚义"，什么叫"同气相求"！

这样的年会，怎么不令人迷恋？

"年会之前有很多期盼，年会之后有多少留恋。"第一届"爱心杯"优秀班主任获得者谢华老师意味深长地说，"激动半年，回味半年，一年就这么哗啦啦地过去了。"

一年一会，一会一年。光鲜的背后亦有辛酸！

李老师很累，真的很累。他的睡眠不好，大把的脱发，让"发以稀为贵"。

……他很像一个房地产界大腕，到处被人高接远迎地请去"圈地"，我知道他没有圈地的野心。我更愿意把他视为"纵火者"，一处处点火，火连成片——不是火烧赤壁，而是走进心灵，去点亮那个名叫教育的草原。

……我知道,他这样拼命用力,是在肩负起他的责任。尽管没有谁苛求他这样做,但他在苛求自己。他是个力求完美的人,任何事都不敷衍、不"亏心"。

这些感人的文字,是一位教育媒体人对李老师的真实描述。不接触李老师,你看不到他的累。

每次年会,每当我向李老师要讲座主题的时候,他总是对我说,他要想一想再告诉我……每当我看到他发给我的讲座主题的时候,我就发现,这又是一个全新的主题。那时,我就嘀咕,李老师那么忙,那么累,还得重新做课件。我觉得根本没必要这样做,老调重弹就行。毕竟每次参会的人绝大部分不一样,只有极少部分人年年参会。对此,我和他沟通,未果。于是,年会上,呈现给会员的不是"隔夜饭",而是令人垂涎三尺的红红的、火火的、辣辣的"火锅"。

后来,谢华老师告诉我,于她而言,李老师那一次次主题迥异的讲座里,那些闪动思想光芒的东西,被她一缕一缕地撷取,有一天,就会成为一棵开花的树,等候在她必经的路旁,给她欢喜、给她包容、给她光芒,带她向前,寻觅一方池塘,自由,盛放,为她的生命浅吟低唱!

李老师真的很累,疲惫写在脸上。茶歇了,他可以喘口气、喝口水了,但来合影的"西粉"络绎不绝,他从不拒绝,即便已是满面的倦容。这时,我的确心疼他,就十分"讨厌"那些一而再再而三,没完没了地和他合影的"西粉",实在看不下去了,就制止一下……这时他总是看我一眼,不说话,我也摸不透这一眼的含义……直到茶歇结束,他又登台开讲……

他,真的很累。以至于累病了!那次年会前夕,蒋老师在电话里对我说:"年会可能办不成了！李镇西病了！"

"什么病？重不重？"

"紧急治疗中！你说年会怎么办？"

"不办！没有什么比李老师的身体重要！"

大约一个小时后，蒋老师通知我:"年会照常开！李镇西说，他要坚持参会。他不能辜负会员们的期待！"

那一刻，我的眼泪"哗"的一下就流下来了！

难怪有人这样评价李老师：他是教育圣徒。既是圣徒，对教育就无比虔诚，虔诚到把教育当成信仰！

在李老师的影响下，许多会员走在朝圣的路上。

那年年会，吉林的他，坐了47个小时的硬座，在人挤人的车厢里，寸步难移，当到站时，突然感觉双脚不舒服，低头一看，双脚肿得像发面馍馍。

那年年会，山东的他，坐了近六十个小时的硬座，在人挨人的车厢里，吃的"康师傅"摞起来，比他还高。

那年年会，甘肃的他，带着妻儿南下，在火车站的广场上，铺上几张报纸，让妻儿躺一会儿，休息一下。

那年年会，安徽的她，手上牵着一个，背上背着一个。

……

为了成长，辛酸，又算什么！因为他们深知，一个要教育他人的人，首先要教育好自己！

一次次不远千里的跋涉，一次次深入心灵的讲座，一次次发自肺腑的感动，一次次动情动心的交流，都成为他们变得更优秀，走得更辽远的精神动力。

满天都是小星星，一闪一闪亮晶晶

十年来，这个团队像孵化器一样，孵化了一批像李老师那样出类拔萃的教师。他们在各自的学校，就像一颗不断闪烁着的星星，十分耀眼！有的当了领导，成了主任、副校长、校长；有的成为正高级教师、特级教师、"马云乡村教师"……当然，并不是说，他们之所以成功，是因为爱研会的培养。有一点是不可否认的，爱研会为他们打开了一扇窗，让他们看到了以前未看到的路以及路边的美丽风光。

第一届"爱心杯"优秀班主任获得者，吉林的李素怀，后来荣获"马云乡村教师"称号，与马云握过手，与成龙聊过天……

第五届"爱心杯"优秀班主任获得者，山东的袁建国，不仅是校长，而且是老校长，在这里，他还在与自己的学生共同成长，笔耕不辍，一日一文……

精美绝伦的剪纸与石头画，是吉林任秀波老师的绝活；

遒劲有力的硬笔书法，是四川谢华老师的绝学；

"青鸾班"，是湖南王丹凤的"崽崽"；

"皇家班"，是广东黄建军的"仔仔"；

"雷锋班"，是山东杨富志的"娃娃"；

"丑小鸭班"，是安徽潘升锋老师的"儿女"。

一个好老师，一个好班级，一方好教育，这一切，难道不是李老师"未来班"的衍生吗？这岂不是从一团火化作了满天星？

跟我来吧，我是你的未来

"老同学，你们这个团队太迷人啦！拜托你问问李老师，吸收我为会员吧？"

我用李老师的话来回答她——

无论你多么普通，无论你多么遥远，只要你是一个纯真而纯粹的教育者，他定会真诚地向你伸出温暖的手——

请来吧，愿意与你同行！

不停地阅读，不停地写作，不停地实践，不停地思考——谓之"四个不停"；每天坚持上好一堂课，找一位学生谈心或书面交流，思考一个教育问题或社会问题，读不少于一万字的书，写一篇教育日记——谓之"五个一"。

「第二辑」
读写思行

◎ 李镇西

关于阅读的断想

一

如果说，写作是任心泉自然而然地流淌；那么，阅读就是让心灵自由自在地飞翔。

我曾对学生说，阅读的境界，是读到自己，读出问题。

所谓"读到自己"，就是把自己放进书里去，是欣赏，是联想，是共鸣，是审美。所谓"读出问题"，就是不断地发现问题，是思考，是质疑，是研究，是批判。

二

真正学识渊博的人，不会随时标榜自己博览群书，更不会在谈吐或写作时故意掉书袋。

我写文章很少引经据典——当然，这和我肚子里的经典本身就不无关系，但如果要掉掉书袋还是可以蒙一些人的。20世纪80年代，我的文章中爱引用萨特、海德格尔的话，后来引用陶行知、苏霍姆林斯基的话，现在写文章，我给自己的要求是，尽量不要引用或少引用别人的话。

我和流沙河聊天，他的每一句话都是通俗的，他的学问便藏在平易的话中。把阅读汇入灵魂融入生活的人，是没有阅读痕迹的。

相反，我见过这样的所谓"学者"，喜欢给别人开书目，而且这些书目都并不大众化，但他偏要强调："这都是最基本的谈常识的书。"以此让许多普通老师自卑的同时，又显示自己很有学问。越把一些深奥的书说得很基础很通俗，就越能炫耀自己的水平。其实，我真的怀疑他是否读懂了这些书。

三

有的老师问我："有的教育理论书我读不懂，怎么办？"我的回答是："读不懂就不要读！"

我一直认为，读书应该是一件让人快乐的事。当然，这里的快乐不单指阅读的愉悦，也指思考的幸福。但有的书就是成心不让读者读明白的，你怎么思考脑子里都是糨糊，怎么办？很简单，不读就是了。

现在有的"专家"本身就没有想要读者读懂，你都读懂了，怎么显出人家的"高深"？作者硬着头皮写的书，读者当然只有硬着头皮读。你不愿硬着头皮读，那就不读。老师们不要因此而怀疑自己的智商，不要自卑。既然那些书我们读不懂，那不读就是了，我们找能够读懂的书来读。

四

还有人给我诉说苦恼："现在记性不好了，读了的书记不住。"

我说："记不住有什么关系，谁叫你记了？"

是呀，又不是要考试，你记它干什么？你记得十年前的12月4日晚餐你吃的是什么吗？你记得一周前中午你吃过什么菜吗？不记得了吧？但难道你就白吃了？不，每一顿饭菜都已经化作营养滋养你的身体，记得住记不住有什么关系呢？

同样的道理，看了的书记不住，但坚持读书，所有读过的书都化作了你的精神养料。

五

一个人的阅读，无疑被打上了个性的烙印。职业特点、性格倾向、兴趣爱好、生活阅历、朋友影响……都会让自己的阅读成为不可复制的。

以自己的标准去衡量别人的阅读，是可笑的。因此，每一个人也不应该因为别人没有读自己读过的书，而鄙薄别人。

六

有些众所周知的道理，明明可以用自己的语言，却偏要说"德里达（或福柯）说过"，非如此不能表明自己"学贯中西"。

一个人引用了荷尔德林所谓"人诗意地栖息在大地上"，于是大家都说"诗意地栖息……"于是，诗意荡然无存。

读书的重要性，谁不知道呢？可很多学校千篇一律地重复狄金森的"没有一艘船能像一本书……"

一个人说了"慢慢走，欣赏啊！"（据说是阿尔卑斯山上的一句话）于是，众人都爱说："慢慢走，欣赏啊！"

"阅读",然后鹦鹉学舌,语言就这样变得贫乏而单调。

七

从来就没有什么必读书。你凭什么要我必读?

是的,任何一个从业者,都必须拥有相关的知识背景,或者说必须通过阅读拥有某些知识,甚至,作为一个有充实灵魂的人,也必须阅读人类共有的精神产品。但是,必须拥有知识,不等于必须读某一本书。同样的知识,书却可以有很多选择。

专家们坐在书斋里,开列一串串书单,然后写出一篇篇导读,居高临下地"教导"我们要这样不要那样……凭着专家的身份指手画脚,用自己的阅读爱好取代别人的阅读兴趣,甚至用"必读书目"的名义把自己的审美观和阅读观强加于人——这不是另一种形式的"思想专制"吗?

推荐是可以的,甚至是必要的,但不可动辄便说"必读"。包括我所热爱的苏霍姆林斯基。

八

阅读的理解是相对和绝对的统一:相对之中有绝对,确定性之中有不确定性,差异之中有同一性。

理解者之间当然有差异,正如世界上没有完全相同的两片树叶,但世界上也没有完全不相同的两片树叶一样,理解没有完全一样的,但理解也没有完全不一样的。

每一个读者理解到的"哈姆雷特"都是原作的部分意义与读者"前理

解"结合的产物,属于相对理解;但"一千个哈姆雷特"中把握到的原作意义(亦即对原作理解一致的部分)的总和,便是绝对理解。

九

有人买书比读书积极。满屋的书不一定读,装饰而已。

有人没有书房,却通过各种渠道博览群书。所谓"书非借不能读也"。

十

"有用"的阅读是需要的,所谓"学以致用"。

但还应该有"没用"的阅读——这里的"有用""没用"当然是就眼前的功利而言。教师,作为人类精神文明的传承者,除了认真阅读教育教学专业书,能不能读一些与教育教学无关的书——政治、哲学、经济、历史、文学和自然科学等方面的书?

十一

应该让阅读成为我们生活的一种形态,或者说成为生命的呈现方式之一。

不阅读,无以生。

十二

呼唤回到书本阅读的状态。

网络阅读是一目十行地浏览，而书本阅读是一边阅读一边揣摩，一边思考一边咀嚼……

网络阅读有存在的价值，但它永远不可能取代书本阅读。

十三

现在教育最令人忧虑的现象之一，是有的教书人不读书。

十四

其实，书房的大小和学问的多少没有直接关系。

我的书房不大，但和我岳父的比起来，我的所谓"藏书"算是相当丰富了——在我岳父家里，他只有一张老式写字台，上面放着几本《辞源》之类的工具书，然后几乎就没有其他藏书了。

三十多年的相处，我深知岳父本身就是一部"百科全书"。他把学问全装在肚子里，还需要书房干什么？

而我，基本上没有学问，因此，便把学问全放在书架上。于是，我便有了书房。

十五

阅读的目的，不是用别人的知识塞满自己的大脑，更不是任别人的意志主宰自己的精神，而是让智慧荡涤灵魂，用文明点燃思想，让自己拥有辽阔澄明的胸襟和一颗自由飞翔的心！

◎ 袁建国

我的阅读"shi"

自己做了二十八年教师,有时也被人称赞"爱读书""好学习"之类,但与李镇西老师比起来,还差得很远。即便如此,为了促进自己的阅读与写作,实现个人精神成长,也愿意把自己的阅读家底晒一晒,以"shi"的形式写出来,与大家分享。

我的阅读"史"

与自己的年龄比起来,我的阅读史只有半部。李镇西老师在《幸福比优秀更重要》中分析了教师不读书的几个原因,并逐一进行了反驳。我也曾经历过"小学无书读,中学无空读,师范无心读"的日子。我工作之前的阅读,几乎是一片荒芜。

真正开始阅读,是我工作一年后考上了汉语言文学专业函授。第一次面授,老师们的精彩讲解便把我带入了文学的殿堂,吸引我开始阅读文学作品,背诵名家名篇。恰逢学校图书馆处理一部分图书,我便抢了十几本买回家来,有古代文学、现代文学、当代文学和外国文学,至今仍保留着。之后的二十几年中，虽然零零星星地读过一些古今中外的文学名著，但如李镇西老师那样能够刻骨铭心、引起心灵震撼的阅读并不太多，而自己当时没有写作的习惯，让那本来就不多的宝贵的思想火花随随便便地熄灭了。

因为从事语文教学，专业的论著我也读了一些。浸泡在教育专家的文字里，享受着丰富的营养大餐，我的教育观念和课堂行为悄悄地发生着改变，具体转变过程，我都写在《读书，让课堂厚重起来》这篇文章里，发表在 2014 年 1 月《师资建设》上，这里不再赘述。

我的阅读"事"

关于自己阅读的故事，印象最深的有两次。

第一次是 1990 年，我教初二语文，有一篇课文是从《红楼梦》中节选的，我便用两节晚自习的时间给学生讲《红楼梦》。我让学生关闭所有日光灯，用幻灯机播放图片，配合图片讲解《红楼梦》的精彩故事，学生听得津津有味，时而鸦雀无声，时而发出爆笑。两节课是连着上的，课间都没有休息，惹得其他班许多同学堵着门窗围观。我一直认为这次"灌输式"的教学非常成功，并且将学生喜欢语文课的原因归功于这次我阅读之后的一次性输出。从此，我更加喜爱阅读，并且总是不失时机地与学生分享我的阅读感受。

第二次是 2011 年 7 月 20 日，我拜访文友王吉明先生。临别，王先生赠我一本由他参与编辑的纯文学期刊《第三岸》，嘱咐我多写点东西。道谢后回家阅读起《第三岸》，我便对这本册子爱不释手。尤其是著名诗人任先青先生的诗作《诗人毛泽东》，深深震撼了我。那强烈的感染力和冲击力，将我带入了难以描摹的优美意境，刻骨铭心。

我开始足不出户，整日浸泡在新浪博客上，遍访诗人名家，赏读美文佳作。著名诗人任先青、桑恒昌，青年诗人雪梦，成了我终日追随的偶像。加关注、写评论，读诗、赏诗，我沉浸在诗歌的海洋中，如饥似渴地品尝如甘似醴的文学大餐。

在平静又充满激情的阅读和交流中，我的精神生活丰富了，有时竟然也迸发出写诗的灵感。我便整日地写，请文友修改，在博客上发出。回过头来粗略一数，一个月的时间，我竟也写出了近三十篇，而且还发表了四五篇。

我的阅读"师"

如果说专科、本科函授部的老师们是我的阅读启蒙老师的话，那么引领我对阅读稍微有点研究的是程翔老师。

我曾写过一篇文章《我心中的三个程翔》，发表在《江苏教育研究》之"教育家成长"栏目上。文中，我从"名师""书生""教育家"三个方面来写对程翔老师的认识，其中"书生程翔"部分，写了程翔老师如何喜爱读书写作，并总结了程老师的读书特点——指向性阅读。他备课每一篇课文，都会竭尽全力购买书籍、搜集资料，然后潜心阅读。为了完成《说苑译注》的注释和翻译，他买书就花了几万元钱。程翔老师浑厚的嗓音、优美的语言、峻拔的楷书、火热的激情，以及博览群书后的厚积薄发，都凸显了阅读带来的深厚的"硬功"和"内功"。

受程翔老师的影响，在教初中语文的那段时间里，我非常用功地读书、写字、背诗、练声，不遗余力地搜集备课资料，积累讲课素材，学习备课方法，研究讲课艺术，专业素养得到了很大提升。

我对教师阅读的全面认知，是读了李镇西、吴非老师关于教师阅读的文章之后。李镇西老师的"非功利阅读"观点和吴非老师的"非专业阅读"观点，将教师阅读引向了更加广阔的天地。当然，这并不是说程翔老师只有指向性阅读，程翔老师的知识非常渊博，就来自于他广泛的阅读。也不是说我只有指向性阅读，只是我过去更重视指向性阅读，现在我也同样重视非专业阅读了。

我的阅读"识"

对教师阅读的认识，我非常赞同李镇西老师的观点，作为一名教师，首先应该阅读专业书籍，其次也必须阅读非专业性书籍。不过说到具体的阅读方法，我更倾向于"指向性阅读"，就是靠这种方法，我从2010年开始写作至今，在省级以上报纸杂志发表了论文、随笔六十多篇。

指向性阅读有四大优势：

第一，着眼于问题解决，目标更明确，效率更高，效果也就更好。

第二，不仅专业阅读适用，非专业阅读也同样适用。

第三，可以将教师的阅读由专业性延伸到非专业性。比如我们写一篇备课，为了使内容更加充实，一定会搜集与其相关的各种书籍、资料，其中不仅仅有专业性的，也一定有许多非专业性的。

第四，人类文化传承至今，经典书籍浩如烟海，指向性阅读会让我们节省更多的时间，学到更多的知识。

我的阅读"诗"

这是我对自己未来阅读生活的愿景。从2011年暑假开始，我特别沉醉于诗歌的语言美、画面美、音乐美和意境美,希望自己的阅读生活能像诗歌一样让人陶醉。

李镇西老师说过,我们为什么要读书,学以致用当然是一个原因,但还有一个更重要的原因是:我们是人!如果就生物学本身的角度而言,人和动物是没有区别的;但"人是一根会思想的芦苇",于是人便成了自然界万物之灵长。人之为人在于精神,而通过阅读,我们可以尽可能完整而完美地建构无愧于作为一个人所应有的精神世界。

有人说,阅读应该成为人的第一需要,距离这样的境界,我还有很大的差距。我将不懈努力,使自己的阅读富有诗意,使自己的人生富有诗意。

◎ 杨宏杰

读书，盘活一方教育生态
——庆阳市坚持8年"无功利读书"活动纪实

清晨，随着清脆的铃声走进庆阳市实验小学，便听到铿锵有力的朗诵声，"子曰：'知之者不如好之者，好之者不如乐之者'……"

每天下午2:00到2:30是庆阳市宁县早胜小学师生"雷也打不动"的午读时间。这个时间段教师不带一本教科书，学生不读任何一本课本，他们可以自由地阅读，包括小人书、古典名著等。

"教育工作不仅要有专业知识，更需要一种激情和坚守……"庆阳五中每月"读书沙龙"活动中老师们正在畅谈《第56号教室的奇迹》的读后感。

"一本杂志传递的是一方教育决策者的办学理念，引领全市教育改革的方向，应该注重杂志的思想含量……"庆阳市教育局定期举办的《庆阳教育》读编恳谈会上，老师争先恐后地为杂志发展出谋划策。

这便是庆阳市教育系统开展的"无功利读书"活动，8年时间过去了，读书活动并没有像更多人最初担心的那样成为"一阵风"，反而在全市如火如荼地进行着。

从"无用书"开始读

2005年之前,老师、学生也读书,不过老师读的都是教科书和教参,学生读的都是状元速成、作文诀窍或者教案解读等,而经典名著和与考试分数无关的书,学校不提倡,教师不推荐、不阅读,学生自然也不会去读。当刚上任的卢局长看到这种现象,便大声疾呼:"教育系统要开展读书活动!"读书,读什么书?教师和学生每天不是都在读书吗?"经典是文化之根,教育就要把根守住,看似无用的书其实大有用处!"这是当地教育管理者向全市师生发出的号召。读书先从"无用书"开始,于是教育系统倡导教师读古典名著、人文、哲学等与教科书无关的书籍。组织大量的人力,历经一年多时间,以《论语》《孟子》《老子》以及诸子散文、唐宋诗词、元明散曲为主体,对经典古诗文进行了严格的选编,一套适合中小学生阅读的《中华经典古诗文读本》诞生了。庆阳市教育系统"无功利读书"活动正式启动了。

局长带头读

对中华文化有着深厚理解的卢局长自然明白:"其身正,不令而行;其身不正,虽令不从。"要让大家读书,局长必须起到带头引领的作用。他不止一次说过:"一个局长不读书,就不是称职的局长;一个校长不读书,也不是称职的校长。"于是读书活动先从市教育局开始,教育局有一份名叫《读书文摘》的内部刊物,文章是从书籍和报刊中选摘的,文章后面注明推荐者姓名,局领导或科室干部轮流推荐。在一期《中国教育报》《学生的思想究竟从哪里来》推荐文章中,卢局长这样写道:"'读'什么决定了学生'想'什么,'想'什么决定了学生'说'什么和'写'什么;学生的思想质量和写作质量,取决于他们阅读的质量,也决定了他们思想的高度和深度。学校的语文教育要有档次,要高而雅,要培养学生有不同于流俗的君子气。"读书活动先从局机关开始,所有干部同读一本书,定期召开读书沙龙活动。刚开始大家都不适应,慢慢随着活动的深入,大家发现这样的读书活动不仅能拉近彼此的距离,最重要的是思想上受到启迪。原定一个小时的沙龙,往往进行了三四个小时,大家还意犹未尽。

市教育局除了创办《读书文摘》外,定期还有读书交流活动,局长和大家一起交流读书心得,探讨教育中存在的问题。局长带头读,为局机关创造了良好的读书环境,如今很难看到干部在上班时间喝茶、聊天,工作闲余时大家都在读书或看报。

校长带领教师读

几年的坚持,读书活动已被更多的校长所接受。走进庆阳市各学校,校长不仅带领教师读,而且把读书读出了特色、读出了创新。宁县早胜小学是一所典型的农村学校,条件艰苦,但郝校长是个爱书如命的人,他上任伊始就把开展读书活动作为头等大事来抓,大力推行新教育实验,把构建理想课堂、师生共写教育随笔、打造书香校园作为改变学校现状的突破口。几年时间,学校面貌发生了翻天覆地的变化,让很多人感到惊奇的是,一所农村学校竟然成了全市新教育的样板学校;让家长惊奇的是,孩子最高兴的事是到学校上学,十里八乡的乡亲们都愿意把孩子送到这里读书,很多家长背井离乡在学校附近租房陪读;更让外校很多老师不明白的是,以前这里的老师总想方设法调动进城,如今很多老师更愿意待在农村。郝校长解释道:"读书让老师们有了精神底气,让校园弥漫着浓厚的育人文化，让学校更像学校，教师更像教师，学生更像学生。"

庆阳市一中是一所省级示范高中，但读书活动并没有因为高考而耽搁。为了搞好读书活动，学校每学期花费一万多元，根据教师的需求购买书籍，并且成立了"立达读书社"，有专门的场地，有专人负责。以前的读书活动，学校曾强行要求过，但效果不好。成立了读书社，定期邀请社会名流，校长带头，教师自愿参加，一杯咖啡、一本书成了老师们最好的精神享受。"好几次我们读书沙龙从下午一直延续到晚上九点多，我们的老师还不愿意离去。"窦校长自豪地说。

教师领着学生读

清晨走近庆阳市东方红小学便听到孩子们的童声朗诵："人之初，性本善。习相近，性相远……"孩子们个个摇头晃脑，极其投入，原来是语文老师带着一年级一班小朋友读《三字经》。学校启动了"六年读 100 本书"的读书计划，每天分几个阶段，老师带着孩子们读。这里的孩子都沉浸在幸福的阅读之中，很多同学因为读书也爱上了写作。2013 年 12 月，民进中央副主席朱永新在该校考察，向日葵班 10 岁的薛璟琦同学悄悄送了一本自己的作品集给朱永新，得到朱永新的表扬。

庆阳市齐家楼初中地处城乡接合部，家庭条件稍好的学生都进城读书了，留在这里更多的是学习差、贪玩、爱打架的学生。学校立足读书改变学校风气，改变学生，不仅图书室、阅览室全天对学生开放，还将《弟子规》改编成了课间操。读书让这里的孩子打开了眼界，他们不仅变得懂事了，而且学习成绩也有了很大提升。很多家长对孩子的变化都感到吃惊，于是很多城里的家长争着抢着把孩子送到这里来。

"假如只有一个梨你会让给其他小朋友吗？"在庆城卅铺小学校园，笔者随机问一个小朋友。

"会!"回答的声音特别响亮。

"为什么不自己吃呢?"

"老师讲过孔融让梨的故事。"

书声琅琅满庆阳

随着读书活动开展的逐步深入,很多学校把经典诵读与语文、体育、艺术课程及大课间文体活动有机整合,总结推行了制度化、规范化的诵读经典、书画经典、表演经典、践行经典等活动方式,让经典伴随学生的晨读暮诵,快乐体验不断渗入学生心灵。

如今,读书已成为庆阳市各所学校的常态,伴随着师生们每一天的生活。各学校结合自己的实际制订了读书计划,晨诵、午读、暮省必不可少。每天清晨,师生们手捧古诗文读本,用经典诵读开启一天的生活。午后,课前半小时,是学生们阅读中外名著的时间。傍晚放学前15分钟,全校师生拿出日记本,反思一天的读书学习生活,以写促读。很多老师把读书和音乐、体育表演有机结合,完美上演了一部永远没有结尾的师生共读、共写大戏。

读书,让老师拥有了先进的教学理念,具备了高贵、优雅的气质,老师之间谈论最多的是谁又读了哪几本书;读书,让孩子们不再沉迷于网络,走出了"坐井观天"的小天地;读书,让校长走出了只抓成绩的怪圈子,把孩子健康成长作为办学的目标。

一场教育系统的读书活动为希望播下了一粒种子,如今已经形成了局长带校长读、校长带老师读、老师带学生读、学生带家长读的喜人景象。读书,让庆阳的教育生态得到重建,如今已经走上了持续健康的发展之路。

◎ 任秀波

阅读，带给课堂无限可能

上学期，我和孩子们一起预习《蝙蝠和雷达》一课的时候，我提示孩子们可以课外搜集一些相关资料，准备上课时交流。没想到我的话音刚落，孩子们就纷纷举手汇报。

我叫了其中的一个孩子的名字，他兴奋地说："老师，我知道电子蛙眼是跟青蛙的眼睛有关的。"我表扬他懂得可真多啊！这时，另一个孩子急切地说："老师，老师，我知道，这叫仿生学！"我给了他一个大大的"赞"。

……

一只只小手争先恐后地在我面前举起来，看来我低估他们了。此时，我灵机一动，一个新想法冒了出来："孩子们，说实话，刚才你们说的这些，有的老师还不太清楚。要不这一个单元内容，就由你们来讲吧！""好耶！"我的话音还没落，孩子们已经欢呼起来。我说："你们知道，老师讲课的时候是要好好备课的，有时候为了把课讲得更好，还要制作课件哦！你们都能做到吗？""能！"孩子们回答得异常响亮。

下课了，孩子们没有像往常那样立刻跑出去疯玩，而是围在课上发言的那几个孩子的身边，我也围过去，听到他们在交流从什么书上能看到哪些有趣的知识。看到此情景，我喜滋滋地回到了办公室。

晚上一回到家，就接到了几个家长的电话——"任老师，孩子说要买《少儿百科全书》，从哪里买呢？""任老师，孩子回家说，要买《神奇的仿生学》，真是太好了，感谢您对孩子的引导。平时我让他读书，他不情愿，今天一回来就让我给他买书。"……

接下来的时间，每天下课，我都看到孩子们的小脑袋凑在一起，有时还神秘兮兮的，生怕走漏了风声似的。

有一天，当孩子们告诉我他们已经准备好了的时候，我说："这节课很特殊，你们是老师，我是学生。为了给每一组上场的'老师'捧场，没上场的'老师们'也跟我一起认真听听好不好？"孩子们欣然同意了。

令我惊讶的是，每个小组准备得都非常充分！小组长把任务分配得很合理，他们有播放图片的，有讲解的，还有补充摘抄材料的。最有意思的是衡同学那一组，他们展示的内容是"萤火虫发光原理"。他们说，人们仿照萤火虫的光线发明了"荧光灯"。为了证明荧光灯的光线保护眼睛，他们带来两个小台灯，一个是安有小灯泡的，另一个是安有小灯管的，并进行了对比演示。接下来孩子们就"船桨的发明""游泳衣的制作""伏特电池的产生"等内容进行了分别展示。我惊讶不已，原来孩子们蕴藏着无穷无尽的潜能啊！

课后我想，怎样才能让孩子的思维长出"触角"呢？而且怎样才能让那些长出的"触角"使他们对于书本知识随时保持一种高度的敏感呢？阅读！只有阅读，而且是带着思索的阅读，才能达到这一目的。正如苏霍姆林斯基在《给教师的建议》中说过的那样："……由于能对书籍进行思考，学生就更容易掌握大纲规定的教材。学生对书籍的思考越多，他的内心中由于书籍而激发的喜爱感越强烈，他学习起来就越容易。"

可见，阅读能够生发思维触角。作为教师，不仅要通过阅读来促发学生的思维触角，还要善于帮助孩子更好地把这些思维的"触角"与要学的知识完美对接。这种对接的成就感，会激发孩子更强烈的阅读兴趣。而当班级里这样的"触角"越来越多时，课堂，就充满了无限可能！

◎ 王丹凤

读书助我做一个完整的老师

——一个数学老师的多重阅读

那一天,阳光明媚,清风徐徐。

我又一次在台上讲述着青鸢班的故事,一寸寸幸福时光铺满了整个会场。

讲座刚结束,几位培训学员立刻围过来,好奇地追问:"丹凤老师,好久没听到这么有意思的讲座了,您教什么学科?"

已经是第N个人问我同一个问题了。我会心一笑:"您觉得呢?"

"从您的气质和讲座内容来看,应该是语文老师或者英语老师。"

又是一个错误的答案。

其实,我是一名如假包换的中学数学老师。说不清从何时起,我的同事也开始惊诧:王丹凤怎么越来越没有数学老师样?

时光回溯,我的蜕变是从爱上阅读开始,是多重阅读为我涂抹上丰富的多学科底色,是书韵熏染让我变得更加质朴轻灵,是读书让我成为一个完整的老师。

数学课上讲故事

初为人师，我特别认同身边人告知的数学老师的职责和成长秘诀，那就是做题做题再做题。数学老师有什么必要读书呢？于是，摆在案头的除了《夺冠宝典》就是教学参考书。

一次到学校图书室查找数学刊物，偶然翻开一本《教师博览》，一篇文章《你还可以更幸福》吸引了我，作者李镇西。文章字字走心，句句皆是肺腑之言，读罢我汗流浃背：那个对学生漠然点头的老师是我吗？对待参差不齐的学生和改不完的作业，我开始厌倦了吗？面对应试教育，我是否已经习以为常？文中那只每天只在地上蠕动的蜗牛和坚持不懈爬上金字塔的蜗牛赫然出现在眼前。是呀，它们的感受绝对不一样！我突然感悟到，老师应该成长，成长必须突破学科的限制。

这篇文章让我日渐麻木的心开始复苏。我要找回童心，我想在重复枯燥的工作中寻找乐趣。此后，我开始订阅《教师博览》，购买"心灵鸡汤"系列书籍，品故事中的人生道理，悟书中的教育智慧。浅浅的阅读并没有让我的生活有翻天覆地的变化，只是教学多了些乐趣，课堂多了点创新，我变成了一个爱讲故事的数学老师。

多年后，我将一篇给学生讲故事的教育随笔发在朋友圈。已经毕业多年的学生冯苗留言："每个人都是一颗花的种子，只是花期不同。有的花，需要漫长的等待。当我在考试中成绩一落千丈时，是您讲述黄飞鸿的故事让我明白一些道理并受益终身。您豁达、博爱的胸怀将让更多的学生感到温暖，我代表他们向您致敬。很荣幸成为您的学生，我希望以后能当一名像您那样的老师！"

冯苗的留言切中肯綮，与我理解的教育的意义与价值不谋而合：播撒希望、传递梦想与传承精神。这要感谢阅读，是阅读让我的思想不再荒芜，也让我的心灵更加丰沛，让我的言行有如春风雨露滋养着孩子们，同时我也尝到教育的回甘。

李老师教我写"情书"

我发现了李镇西老师的《爱心与教育》。对于一个喜爱阅读、喜欢为学生讲故事的老师而言，这本书犹如稀世珍宝。我如饥似渴地读着，或屏气凝神，或潸然泪下。

当一个好老师，最基本的条件是拥有一颗爱学生的心。爱学生，就必须善于走进学生的情感世界。而要走进学生的情感世界，首先就必须把自己当作学生的朋友，去感受他们的喜怒哀乐。

李镇西老师的教育思想像一股电流穿过身体，迅速传到我的每一个细胞，一个朴素的想法萌发：我也要成为这样的好老师！

那时，我中途接了一个特殊的毕业班：有近十名学生被处分或劝退，两位数学老师被气跑。在我也要打退堂鼓时，李老师的书给了我灵感与勇气，我学着用爱心与智慧去焐暖孩子们冰封的心——找同事了解学情，与学生交流情感，向家长发起问卷，为学生建立个人档案。

我学着李老师把问题当课题：学生在前两年经历了什么，他们现在为什么如此冷漠？每个学生的性格特点、行为习惯、家庭环境、学习风格是怎样的？学生是否适应我的教学，我可以为学生提供哪些帮助，让他们打开心扉重拾信心？越深入了解，我就越发理解《爱心与教育》一书中"爱学生"的含义。当我轻抚为学生记录的档案，千言万语在心中翻滚着，最后化作58封独一无二的书信，每一封都是我对学生热切的爱。2018年4

月,《中国教师报》以"王丹凤:写一封师生最美情书"为题进行了整版报道。

我变成一个喜欢给学生写信的数学老师,这是阅读的力量,是李老师真诚的人文关怀和富有魅力的思想征服了我。当时,我还阅读了能买到的所有李老师的著作:《做最好的老师》《做最好的班主任》《做最好的家长》《李镇西班级管理日志》……我渐渐领悟到:阅读,不只是书籍上的圈点勾画,更要与作者心灵相通。带着自己的初心去读,带着自己的实践与思考去读,读出真义、读出行动、读出改变,才不负阅读不负卿。

爱研会风景"读"好

因为读李镇西老师的著作让我结缘爱研会,牵手新教育,得以在阅读的绿洲引吭高歌。

李老师倡导的"五个一",包括每天阅读不少于一万字的书籍,同时加上期限——不停地阅读。偶尔心血来潮读一两本书容易,若要持之以恒研读教育经典太难。为此,爱研会不时推出系列阅读活动:共读一本书、21 天打卡读、大手拉小手阅读、呱呱社区集中研读……

每天清晨,照射在爱研会总群的第一缕霞光是小伙伴们的晨读分享。"今天,我这样读书了"是杨富志老师的示范阅读,他设计的阅读卡催生出一朵朵悦读之花:"勇哥也要学《论语》""志言虹语""敏儿好学""花路思语"。大家读出了热火朝天的气势,秀出了竞相开放的绚烂,我也被深深感染,情不自禁开启"丹凤朝阳坚持读"。从每天读写一段话到借用阅读卡分类深度阅读,从朱永新老师的《致教师》到苏霍姆林斯基的著作,从坚持 30 天、90 天再到坚持 180 天。

当阅读成为习惯,书是最亲密的伙伴。书房、卧室,它的倩影无处不在，甚至连卫生间也有它的踪迹。出差在外，回家探亲，我们都形影不离。我曾在赴台湾交流学习的飞机上聆听《给教师的建议》，心中激荡的情感与窗外云海一起翻滚；我也曾在陪儿子旅游的动车上欣赏李镇西老师的传记《巨人肩上的舞蹈》，读到精彩处便绘声绘色给儿子讲起来，甚至带着全家人到李镇西老师工作的乐山一中驻足流连。

  人类有两种风景，自然的风景和精神的风景。行万里路，是为了看自然的风景；读万卷书，是为了看精神的风景。自然的风景是有限的，精神的风景是没有边际的，这才是无限风光的顶峰。

  在每一个年轻的心灵里，都存放着求知好学、渴望知识的火药，只有教师的思想才有可能去点燃它。

读着读着，耳边的闲言碎语少了，心底的忐忑没了；读着读着，步履坚实脚底生风；读着读着，气脉通畅"脱胎换骨"。

那时，省教育厅推进"国培计划"中小学教师置换培训项目，我校是"影子教师"跟岗学习基地，我成了数学指导教师之一。每天清晨，我都将"丹凤朝阳坚持读"的笔记分享给老师们。临别时，来自黄冈市罗田县的"影子教师"张国平校长感叹着："每天早晨欣赏丹凤老师的精彩分享，已成为来东方红中学学习的习惯，为你点赞，我一定会把你的敬业和上进传递给我校的青年老师。"

那一瞬，我倍感自豪与欣喜：阅读是一场心灵的洗礼，我坚持阅读的身影也可以成为他人的一股精神力量，由爱研会辐射到更辽阔的远方。

阅读越"完整",悦读越幸福

有了团队的指引与伙伴的激励,我的阅读变得从容笃定,也读出了一点门道。

有些书需要反复读。第一次读苏霍姆林斯基的《给教师的建议》并不顺畅:一是我们所处的时代与先生生活的年代不同,一些语言背景不熟悉;二是文中涉及的专业术语比较丰富,读起来有难度。读第一遍,我采用摘录、批注,并以书本内容联系实际的方式精读,每天一个篇章,用了三个多月才读完。读第二遍时,我开始进行主题对比分析,如全书有多少处写到阅读,这些观点分别是什么,勾连起来是一张怎样的阅读地图。我一边整理批注,一边用便利贴做标记,将文中写教师阅读、家庭阅读与儿童阅读的"珠玉"一点点串联起来,将"阅读之法""阅读之效""阅读的推进""影响学生阅读的因素"拼接在一起,这才看到一幅精美完整的"阅读珠玉图",领悟到先生教育思想的博大精深。

有些书必须系统读。如我们所任教学科的历史发展,学科发展的前沿动态,与其他学科的关联以及当前知名特级教师的教学主张与研究等。为此,我阅读《多元视角下的数学文化》《数学沉思录》《数学的奥秘》《数理化通俗演义》,学习张景中院士的《数学与哲学》与张奠宙教授的《数学方法论稿》,还购买任勇老师的《研究让教育更精彩》《任勇的中学数学教学主张》《任勇与数学学习指导》,华应龙《我就是"数学"》《生长数学:卜以楼初中数学教学主张》等系列丛书进行研究。系统阅读让我获得了丰富的学科背景知识,我的数学课堂不仅和学生一起探索知识,还能启迪思想、浸润文化,带领学生走向应用实践。

有些书可以速读。遭遇风霜雨雪，我读心灵成长书籍《遇见未知的自己》等；诵《林徽因诗传》，感慨"一身诗意千寻瀑，万古人间四月天"；品《亲爱的安德烈》，我懂得让孩子慢慢来；看《自然史》，我感叹大自然的神奇与灵性；实操《扫除力》，让我和孩子们拥有收纳整理的好习惯；翻阅《思维导图》《启动大脑》《超级记忆》，了解脑科学……

就这样，阅读已经成为我专业成长的助推器。我加入省教科院主持的国家课题研究核心团队，共同完成"生成性教学实践的价值与策略研究"。我带着学生和家长一起阅读，在青鸾班开展新教育实验。我将阅读所获融合到生活与工作中，凝结成一篇篇文章陆续发表，汇集成一个个讲座触动同伴。

青鸾班一位家长一直关注着我的公众号，见证了我的阅读与蜕变，他曾留言："王老师能达到人生道德与专业水平的相当高度，是靠书本叠成的坚实台阶，一步一步攀登上来的！据我粗略统计，王老师在文中列举的书籍共有三大类84种，其中文学类31种，教育学类31种，数学类22种。这是一个惊人的数字呀！是科任老师，是班主任，是学者，也是母亲，身兼四重身份，在繁重的教学、管理工作之余，能数年如一日，如饥似渴地读书、钻研，并将书里的知识来指导自己人生与事业的实践，这是多么难能可贵的精神啊！热爱读书的先生，一定会教出热爱读书的学生！"

阅读，已然是我工作也是生活不可或缺的一块。读着读着，就有了思考，就有了写作，也慢慢变成了不像数学老师的老师。我明白，正是多重阅读让我变得更完整：从解题走向完整的学科世界，从学科教学上升到完整的教育，从单纯的教师角色转变为更加立体的人。

◎ 李镇西

每位老师都能写出好文章

一提起写论文,不少教师就有一种庄严感,同时也有一种畏惧感。我曾经也是如此。刚参加工作时,一想到论文,我会就想到教育科研、教育理论、教育家等令我崇拜的词语,当然还会想到课题、数据、变量、元理论、后××主义一类令我头晕的名词。

请别误会,我绝对不是否定教育文章应有的理论学术色彩。但是我认为,作为专职教育科研人员的写作与第一线教师的写作应该是有所不同的。前者需要宏观的理论视野和严格的学术规范,而后者主要应以生动鲜活的教育实践(案例)见长。不少教师看不到这个区别,往往拿专家的写作框架来规范自己,结果要么不敢提笔,要么提笔就生吞活剥"理论"而写得不知所云。年轻时的我正是这样,到后来我对教育写作越来越感到神秘甚至恐惧。

是陶行知、叶圣陶和苏霍姆林斯基破除了我对教育写作的神秘感和恐惧感。谁也无法否认,他们是不仅有着丰厚教育实践基础而且有着深厚教育理论素养的杰出教育家。但他们的书实在是好懂。读到他们的著作,我首先是被三位教育家的行文风格和语言特色所吸引。特别是苏霍姆林斯基的著作,融真挚的教育情感、生动的教育故事和深刻的教育思考于一体,语言平易，娓娓道来，但又不乏文学的魅力。在读过一些即使硬着头皮读也实在读不懂的教育理论著作后，读到这样朴素亲切而富有感染力的真正的教育名著，我每每感慨不已：没有令人仰视的理论框架，没有故弄玄虚的深奥术语，通篇只是心灵泉水的自然流淌——教育论著居然可以这样写！

能不能用朴实生动的语言表达对教育的理解呢？

当然是可以的。大教育家孔子的教育思想是用《论语》表达的，夹叙夹议，而又穿插着生动的对话，却成了经典之作。卢梭的教育思想则是通过小说《爱弥儿》表达出来的。作者把自己描写成一个教师，把爱弥儿描写为理想的学生，叙述了爱弥儿从出生到20岁成长和受教育的全过程，从中阐述了作者"自然教育"的思想。还有苏霍姆林斯基，他的所有教育论著，都是用散文的语言表述的。读他的著作，便是听他一边讲述故事，一边抒发感情，一边阐述理念，真是一种享受。还有中国现代著名教育家陶行知，他的教育著作也平易近人，用老百姓的语言谈深刻的教育道理，他还用诗歌甚至儿歌来表达他对教育的理解。

类似的例子还可以举出很多很多。这些举世公认的大教育家，写出的教育经典如果放在今天，恐怕很难被"学术界"承认，但这些平易、生动、洋溢着生命活力的著作，对人类教育发展所产生的巨大作用，则已经被历史证明而且还将继续被未来证明。

我一点都没有否认"学院派"的意思。我知道，任何一门学问，都需要科学的表达，因而都需要相应的范式，即科学史学家库恩所说的那种从事同一特殊领域研究所持有的共同信念、传统、理论和方法，包括属于这范式的特定概念、术语等等。杜威的《民主主义与教育》、布鲁纳的《教育过程》、皮亚杰的《教育科学与儿童心理学》、巴班斯基的《教育过程最优化》等体系宏大、结构精密、论证严谨、言语平实的教育经典著作，同样让我们豁然开朗。正是这些真正的教育大师的不朽之作，构筑起人类教育理论的辉煌宫殿。

但是，除此之外，我们应该允许教育可以有苏霍姆林斯基式的表达。对于普通教师来说，甚至应该提倡这种表达——

教育理念可以朴实地阐释。理念与深奥的术语没有必然联系，与"宏大叙事"也没有必然联系。所谓"教育理念"，无非就是隐藏在教育行为背后的指导思想，这种指导思想人人都有，而并非教育专家所垄断。哪怕是一个教育细节，比如，课堂学生发言时，发言的学生是背对同学面对教师说话，还是转过身去面对全班同学说话，这都反映了教师课堂教学的不同理念。所以，理念并不神秘，因而对教育理念的阐述完全可以也应该平易通俗的，就像平时老师们在教研组讨论聊天一样。"教，是为了达到不需要教。"叶圣陶先生这句大白话所揭示的教育理念以及它所产生的影响，胜过多少博士论文？

教育情感可以被诗意地抒发。教育研究和教育实践都不纯粹是自然科学式的操作，它更带有强烈的人文色彩。因此，如果说在自然科学的研究过程中，研究者要保持自己与研究对象的距离，避免主观感情以保证结论的客观性的话；那么，教育恰恰相反，教育者与教育对象应该是融为一体的，其间感情的流淌、诗意的飞扬，正是我们追求的一种教育境界。因此，教育论著完全可以让真情实感像泉水一样自然而然地奔涌。"教育，这首先是人学。"（苏霍姆林斯基语）而作为"人学"的教育，离开了人的情感就失去了生命。因此，在教育论著中诗意地抒发我们对教育的热爱、牵挂、忠贞不渝、一往情深，这是再自然而然不过的事了。

教育过程可以形象地叙述。教育者的智慧更多的是体现在教育过程之中，具体来说，就是体现在教育故事之中。因此，讲故事也是一种教育感悟的表达方式。在教育家马卡连柯所有的教育论著中，最著名也最有影响的是他那本《教育诗》。在一个个有血有肉、栩栩如生的人物形象中,在一个个跌宕起伏、曲折动人的故事里,教育家的教育思想、教育机智、教育技巧、教育情感……全都在其中了。对于一线老师来讲,坚持写教育日记、教育手记,哪怕仅仅是记载自己每一天的教育故事都是很有意义的。如此坚持三五年,任何一个普通教师都可以成为教育能手乃至教育专家。

教育现象可以激情地评说。很难设想,一个没有激情、麻木不仁的人,能够同时又是一位真正的教育者。教育者应该是一个性情中人,各种教育现象都会在他的心中掀起喜怒哀乐的波澜,孕思考于胸中,遣激情于笔端,指点教育,激扬文字,敏锐而犀利,从容不迫而又掷地有声。评论教育当然首先需要严肃冷静的态度,但这与火热的情怀并不矛盾。理性共激情一色,严谨与热忱同飞。那种追求四平八稳、貌似客观中庸而实则不知所云的所谓"教育评论"与文字垃圾无异。铁肩担道义,妙手著文章。义正词严而不谩骂,真诚赞美而不虚夸;酣畅淋漓一泻千里,嬉笑怒骂皆成文章!

朴实、诗意、形象、激情——我们追求这样的教育实践,也追求这样的教育表达。

我至今依然坚持这样的观点:任何一个有实践有思考的普通教师,都可以写出好文章。

那么,作为普通教师,我们写什么呢?一是记录自己平时在教育教学方面的思想火花:一次联想、一场顿悟、一个念头、一缕思绪……都可以以随感、格言的形式记下来。二是教育笔记:在课堂教学、学生教育或班级管理中成功或失败的做法,对学生的跟踪教育,等等。三是教改实验报告、学生心理调查报告、班主任工作总结等材料(千万不要把这当成了领导摊派的负担,而应该看成是主动梳理自己实践的机会)。四是根据自己的工作经验或体会写成的相对比较正规的论文。在这四类文字中,前两类一般是写给自己看的，而不是为了交流、发表而写，其主要目的既为练笔，也为积累；后两类文字则可以在校内外交流或试投报刊，这是使自己的科研成果被社会承认的一种形式。当然，写作也需要一定的文字表达能力。有些教师往往正是以自己不是语文教师为理由而不愿提笔。其实，我们不是写小说散文诗歌，而是表达自己对教育的感受，只要感情真实，内容实在，条理清楚，语言通顺，就可以了。应该说，这些要求对于经常练笔的教师来说，是不难达到的。

下面是我在我校论坛上随便选取的一则随笔——

记住每一个学生的名字

今天是开学的第三天，课是在下午第一节，因此有足够的时间在上午把作业批改完，批改作业时发现有好几位同学的作业都不合格，有的是书写不合格；有的是没认真读题，当然就做错了；还有个别同学是学习态度不端正……

走进教室，科代表已将作业本发给同学了，我只好凭印象点评问题严重的学生情况（主要是学习态度不够端正的），于是我大声地念名字，念到第二位同学时，话音未完，班上许多同学都笑起来了，更有甚者还是哈哈大笑……本来很严肃的事情却一片哗然，我当时觉得很尴尬，甚至有点生气……幸亏我反应还算快，也跟着笑起来。学生看着我表情的变化，就有几位悄悄对我说："你把两位同学的名字合起来念了，正确的应该是××。"我忙当着全班同学的面向那位同学道歉："对不起！"

这件事给我触动很大。在以往每接一个新班，我都会用很短的时间去记住每一个学生的名字，并且很快把学生的名字与本人对上号。记得2005级5班，在初二接这个班后，我在二十天内不仅把学生的名字与学生本人对上号，而且对学生的学习情况进行了个案分析，可以说对学生了如指掌！结果是赢得学生的喜爱和尊敬，他们用优异的学习成绩回报我！可这个班在上学期我已代了一个多月的课了（虽然当时我上了三个班，的确很忙），今天还是叫错了学生的名字。虽然我已经道过歉了，可我心里还是有些难受，决定课后再找那位同学谈谈！并且在以后的两个星期我对这个班的同学进行了学情分析，了解到有些学生学习方法不当，有些学生学习目的不明确、学习态度不端正等，我都一一与学生进行了个别交谈，帮助学生解决问题，鼓励学生不断努力进取！在交谈中我还知道学生对我能给叫错名字的同学道歉很感动！他们喜欢这样的老师！

记得有这样一段话："教学讲究情感互动。记住名字，看似一件小事，但要知道，一个老师不用花名册，第一节课就能把学生的名字脱口而出，对学生的心理是很震撼的。你是老师，你就得用心去打动学生，学生才会尊重你。这是教育的功力之一。"

这是我校曾秀芳老师写的很普通的一则随笔，说的也是一件看似微不足道的小事。然而，曾老师由开学之初记住孩子的名字想到师生关系，想到教育效果，有朴实的记叙，有真实的感想。这就是教育随笔。每一个老师不都可以写这样的随笔吗？

所以我反复说，教育写作并不可怕，一切有教育实践体验的教师都可以拿起笔，一切来自教育的真切感受流淌在纸上的都能成为好文章。

◎ 黄建军

教师写作的七个无关因素

跟许多教师谈论起写博客的话题，毫不意外地听到了许多非常有道理的不写理由：没时间、没文采、没素材、没兴趣、没想法……不一而足。

关于写作对于教师的意义，李镇西老师是这样说的——

第一，教育写作，能够促使你更好地实践、思考与阅读。只有做得精彩，才能写得精彩；而精彩地写，能够促使我们更好地做。第二，让我们更有成就感和尊严感。一篇又一篇凝聚着自己心血的教育文字，让自己看到了自己教育行走的坚实脚印，自己的成长过程也清晰可见。一个是现实生活中的自己，一个是教育文字中的自己，两个"我"交相辉映，这就是一种生命的成就感，也是作为教育者的尊严感。第三，能够传播我们的教育智慧。每一位教师都有着起码的责任感，无论是班主任工作还是教学工作，都希望能够与人分享经验、共享智慧。如果自己的经验和智慧能够通过文字传播，那么在网络时代，辐射和影响的范围是无限的。第四，通过写作，每一个人都可以发现一个卓越的自己。无数优秀教师的成长已经证明，坚持不懈的教育写作，能够使一个教师由普通走向卓越，由平淡走向幸福！第五，为未来留一份让自己或怦然心动或热泪盈眶的温馨记忆。我们写的每一篇文章，哪怕一个字都没发表，也是为自己记录的"第二生命"。当自然生命走向夕阳阶段，但因为有了这些鲜活的文字，即使是白发苍苍的我们，也依然会青春永驻，不断被年轻的自己感动着。

我想，写是过一天，不写也是过一天，何不写下一点文字为一天留点痕迹？"为什么写"这个问题我就不再赘述，以下就大家不写的疑虑，从自己的感受出发，梳理一下做一个简要分析，提出教师写作的七个无关因素，同时也督促自己坚持写下去。

教师写作跟工作忙没有关系。多少教师因为一个忙字而不敢不愿不想动脑筋写作。教师忙是常态，但是在忙碌的工作之余，真的没有时间读书写作吗？那么教师当中有没有打牌的、钓鱼的、看电视的、旅游的、玩网游的、淘宝的、逛街的、炒股的、摄影的？我不是说教师不能参加以上活动，我只是认为我们有时间做这些，也一定有时间读书写作。有多少忙碌的教师一直坚持写，用笔记录下生命中那些忙碌的事情。因为忙，就有了可写的材料，特别是班主任，带一个班级，就会有无数的故事值得记录。忙的时候不写，真正闲的时候也不会写。比如到了寒暑假，教师都相对空闲，平时没有习惯写作，到了这个时候照样会"忙"得不能写。所以，对于阅读写作换一种心态，把它等同于看电视、玩游戏、健身一样习以为常的生活内容，甚至可以当作无法缺少的精神食粮。如果这样去看，还会没有时间吗？事实上，没有教师是因为太闲了才去写。

教师写作跟教什么学科没有关系。不少教师说我又不是语文教师，读的书不多，没有写作能力，更不懂写作技巧。的确如此，有名的教师写手或者教师作家中语文教师占绝大多数，魏书生、李镇西、吴非、高万祥、程红兵、窦桂梅等，我认识的活跃在博客上的王君、卢望军、谢华、杨富志等，都是语文教师。那么，是不是语文教师都爱写都在写呢？显然没有，我们身边的语文教师大多没有坚持写。在热爱写作的教师中，其他学科的教师也不少，比如北京的王金战是数学教师，南京的郭文红是数学教师，江苏的葛文山是英语教师，他们不仅写作还有著作出版。写出《你能做最好的班主任》的陈宇是化学教师，写出《我和学生谈爱情》的李迪教师教音乐，写出《班主任工作100问》的徐维教师教高中物理，一年发表69篇文章的甘肃乡村教师杨宏杰是数学教师。没人规定只有语文教师才能写作，甚至教体育的教师也一样可以写出漂亮的文章。谁从小没有学习写文章呢？

教师写作跟野心没有关系。"我只想平平淡淡地教书，我不要名师头衔，也不想当官，我为什么要写？"这也是一部分教师的内心想法。其实教师的写作没有那么功利，如果奔着名利去写，也许坚持不下去，也许写的就不真实。我手写我心，人都是有思想的，在教师生涯里，总有感人的故事值得讲述，总有一些触动心灵的感悟需要记录。故事、感悟、计划、总结，等等，如果不留存下来，也许就无法回想起来了。写作不是为了名誉，不是为了工作，不是为了任务，不是为了领导，是为了让自己的情怀平静纯粹，为了把如水的岁月定格。轻松地出发，就能够坚定地前行，一路从容。

教师写作跟职务没有关系。也有教师因为担任行政工作而不写作或者逐渐放弃了写作，作为生活方式的写作不应该随这些改变。这一点，我们从著名特级教师李镇西身上看得最清楚。李老师无论在哪一所学校，无论教什么年级，无论在什么位置，一直笔耕不辍，天天写，月月写，年年写，做班主任写班级，做校长写教师。坚持了三十多年，真正的著作等身。他说："所谓阅读，就是任心灵自由地飞翔；所谓写作，就是让心泉自然地流淌。"生命不息，飞翔不止；生命不息，流淌不停。还有著名的教育作家傅东缨，他历任辽宁西丰县农村中学教师、铁岭市教育局科员、副科长、科长，铁岭市教委督学、教委委员、副主任。从 1960 年开始发表作品，到 1995 年加入中国作家协会，他一直握紧手中的笔，写出了鸿篇巨制教育三部曲。郑杰，上海原北郊中学的校长，独特、博学、自信的他写出了《给教师的 100 条新建议》等很受一线教师喜欢的著作。为什么有了职务没了写作？因为忙，因为失去动力。有的教师只是把写作、发论文当作一块敲门砖，职称、职位到手之后觉得自己功德圆满，便懈怠，从此刀枪入库马放南山。不要太把职务和职称当一回事了，让写作成为一种习惯，会让教师生涯更精彩。

  教师写作跟素材没有关系。还有不少教师总是认为自己只是一个普普通通的一线教师，每天的工作生活都是平平淡淡的，没有那么多值得写下来的东西。肖川教师说，"我们教师几乎每天都在进行教学实践，写作的题材十分广泛，诸如某一内容的教学设计、教学建议、教材分析、备课札记、教法改革等都在可写之列。教学实践为我们的写作提供了取之不尽、用之不竭的第一手材料。"教师写作，不用写得轰轰烈烈、虚幻玄妙，甚至不一定有哲理，就从记流水账开始，写自己的教学、班级、学生、学校。开始写了，就会发现可写的东西如此多，也会发现教育生活如此丰富多彩；开始写了，也一定会越写越顺，写成了习惯，写出了感觉，不写反而不畅快。认认真真工作，满腔热情生活，一定会有写不完的素材。我记得李迪老师说，她写作的时候感觉内容好像早就存在，不用费劲，文字自然而然就流淌而出。

  教师写作跟文采没有关系。还有不少教师不自信，担心自己写不出好文章。文采好的教师当然可以写作，我认为没有什么文采也一样可以写作。写教学日记只是记录反思，不必追求文辞的精美，真实的文章一样感人，文采并不是最重要的。杨宏杰老师讲过一个故事，《孩子，请伸出你的右手》记叙了杨老师如何鼓励一个失去了一根手指的学生建立自信的经过。文章很平实，描述很朴素，但是却感人至深、令人难忘。为什么？因为真实，因为老师的爱心与智慧。文章贵在真实，如同李白的千古名篇《静夜思》，简单朴素，却打动万千读者，流传千年。其实写多了，个人的写作特色自然会慢慢形成，所谓的文采也会从无到有、从有到美。

教师写作跟发表没有关系。写这样一篇文章，我似乎还底气不足，因为我写的不算太多，发表的也非常少，但是毕竟坚持了七八年，也整理出了自己的文字。在刚动笔写的阶段，不要纠结能不能发表。发表，需要写的积累，写得多了，发表的概率自然会更大。一位教师一年发了几十篇文章，其实这些文章并不是一年之内写的。何必去研究刊物的特色，去琢磨编辑的喜好，发布在微信公众号上，会有志同道合的朋友来交流，在同行、家长和学生中也传递着美好。当朋友对我的文章发出评论，当学生收到我写的文稿，我一样得到了成就感和快乐。我觉得文章发不发表不重要，重要的是自己有一个留存的园地，有一个回望的所在。没有记录，生活变成了一个事件加一个事件，那么我们岂不是疲于奔命而漏洞百出。记录下来，给思考一点时间，让生活不再随波逐流，是每一个学习者必须具有的态度。智从静中来，"修行"二字看似高深，其实就在我们一日日的坚持中。

◎ 李素怀

让自己的教育人生有迹可寻

"李老师,你的这篇文章可以刊登在我们的杂志上吗?"《中学语文教学参考》的梁编辑在博客上私信给我。

"可以!"

经过一个月的反复修改,我终于写好一篇《教材留白之美》的文章交给了梁编辑。梁编辑对它提出了一些修改意见,又经过几次打磨后,梁编辑告诉我这篇文章作为卷首语放到杂志首页。

后来有机会加了梁编辑微信。

"李老师,我有点好奇,看你的朋友圈发了很多关于数学方面的资讯,你不是语文老师吗?"

"我是数学老师。"

"你是数学老师?看你的文字功底一直以为你是语文老师,竟然在我们语文刊物发表文章。"

我也开玩笑地说:"我尝试一下数学老师能否在语文杂志上发表文章。"

我自己也没有想到,作为数学老师能够在语文核心期刊上发表文章,想起从教之初,除了写教案从没有拿过笔写作。看着我十年里记录的文字，竟然拼凑成我的教育史，成为我探索教育、自我成长、感受美好的渠道。

这一切都源于李镇西老师和爱心与教育研究会的引领。

记得2009年同事们都在网上建博客，聊八卦，看娱乐，交好友……出于好奇，我也让同事帮忙在新浪博客上注册一个账号，跟着他们一起网上冲浪，让我看到了在这个乡村学校里看不到的风景。恰好那个时候我接管了一个成绩不优的班级，每天流水账似的记录着我的生活：工作受挫，心情郁闷，学生不听话，同事不认可。它记录着我的焦灼情绪，抱怨着生活带给我的各种磨难。

有一天，我收到了蒋自立老师发给我的博客纸条："李老师，我看了你的文章，你可以向李镇西老师学习。"他同时发给我的，还有一个链接。

我打开链接，是李镇西老师的教育博客，我一口气看了两个小时，每一篇教育故事都能够找到我的影子，特有画面感，就像一部教育影片。

后来，我成了爱研会的核心成员。为了提升自己的写作水平，我主动在爱研会固定的每周六成长活动中排麦发言。爱研会有一句"名言"——成长从排麦开始。我发现自己能说出来，但是写不好。说完之后，负责录音的张雁老师会在活动结束后发布活动录音。我再通过录音把自己说的内容打成文字，这个过程虽然后知后觉，但极大地提升了我的写作能力，我也能够捕捉到一些被忽略的教育细节。

在这些碎片文字中我可以拼凑成一幅美丽的风景图，也留下了我一路走过来的心路历程。

2015年我接管了一个新班，接管不久就发生学生丢钱事件，班级同学相互猜疑。我立马准备破案，当我通过监控录像查到是一个女孩所为，我变得很纠结：如何做到不伤害她，还能教育到她，让她意识到自己的行为是不对的？

李老师说过:"写作不单单是写作,还有伴随写作的思考,以及对下一步实践的指导。只有做得精彩才能写得精彩,而通过精彩的写我们能够更加精彩地做。"的确,通过写作让我有了综合分析的能力,我提醒自己,不要夸大所看到的一切,要找到真相,区分想法和事实。我通过走访做了很详尽的调查,了解到女孩的家庭对她管理非常严格,从不给零花钱,担心会买不健康的小零食。可是女孩看到小伙伴吃零食禁不住诱惑,而起了偷拿同学的钱买零食吃的想法。我通过写作,把这个经历变成帮助孩子一生成长的故事。

孩子们也常常看我写的博客,我写了一篇我童年的回忆录——偷吃同桌的大白兔奶糖的创伤一直没有疗愈,至今都不敢吃大白兔奶糖。有一天,我在包里收到一个信封,里面有一颗大白兔奶糖,还有一封信。

结尾写道:"老师,我们都不是坏孩子,知错能改会让我们快速成长。这是我送你的大白兔奶糖,希望你能原谅自己。"笔迹让我认出了这是一个女孩的文字,我也给她写了一封回信,感谢她帮我疗愈了自己。

如今她已经上高中,一次书信中,她写了偷拿同学钱买零食吃的事情,是我的"大白兔奶糖"故事让她意识到自己的错误行为。她说:"我以为是我疗愈了你,原来是你一直在影响和帮助我。"

写作,就这样不知不觉促进着我和学生的共同成长。

教育记录让我学会了思考,也有了很强的觉察力,并做理性分析,进而完成对人的教育。在爱研会,李镇西老师带我们一起做新教育,新教育提倡教师专业写作。这是我在教育写作路上最关键的进阶,以前的文字是随心而写,缺乏逻辑性和章法,专业写作要求教师能够把教育实践形成可供省察的经验,对教育教学现象反复进行研究和思考,并强调客观呈现。在十年间的写作经历中,我由原来的拼凑文字写作变成了教育叙事写作,我也成为经验相对丰富的专业教师。

在 2017 年参加"马云乡村教师"评选时，评委问我：你在网络上发表了 2000 多篇教育文章，将近 300 万字，带给你的是什么？

我说："这些文字让我的教育有迹可寻，让我看见儿童、走进儿童、研究儿童，并发现了新教育里的美和幸福；也让我相信自己可以让教育因为我的存在而变得更好。"

写下的这些文字，让更多人看到了一个乡村教师的成长过程。也通过这些文字，我检视和监督自己在教育中始终保持良知，不断探索，不断实践。而写作也大大提升了自己对教育的洞察力和感知力。

疫情期间，由于平日里积累的写作功底，我很快根据居家学习、线上教学的特殊情况，梳理出指导女儿居家学习的经验和读屏时代培育学生媒介素养的文章，被"人民教育"微信公众号转载，而且开发了与疫情有关的五节班会课，受到很多教师和家长好评。

自媒体的时代，我们记录生活的方式更加多元，但教师的专业写作仍旧是促使教师专业化成长的重要方式。那些来自教育故事里的思考和觉察就如一盏灯，既能让我们看到过去，也能望向未来。

◎ 肖新见

书写自己的教育传奇

2010年,我是语文老师兼班主任。我教的班,学生经常违纪,常挨学校批评。那时,除了压力就是苦闷。我暗下决心:一定要做一名称职的班主任,当一个好的语文老师。

空余,我拒接低俗娱乐活动,决定通过学习改变自己,阅读了很多专家的文章。后来,我买了张在军的《凭什么成就卓越》,张老师经历奋斗收获成功的心路历程,如绵绵细雨,似涓涓甘泉,滋润着我的心田。我在内心反省:如果像以前那样工作,我将永远是一名不合格的老师。突然,我特别渴望自己优秀。2011年,我在网上购买教育著作,如苏霍姆林斯基的《给教师的建议》和几卷选集本,陶行知的《陶行知教育文集》,魏书生的《班主任工作漫谈》,李镇西的《爱心与教育》,于漪的《我和语文教学》,全国中学语文教学研究会编写的《叶圣陶、吕叔湘、张志公语文教育论文选》……

读着专家们的文字,我惭愧:工作十多年来,我是一名混混老师。我只有努力学习、勤奋工作,才能靠近优秀。

倘若专业阅读没有专业写作作为输出,那么阅读必然浅尝辄止,思考容易流于肤浅。最有力的思想一定是通过文字表达出来的。之后,我发表教育文章的欲望特别强烈。

从优秀班主任那里汲取养分后,通过思考,在班级管理上,我探究改进。然后把我的班级管理、育人做法总结出来写成文章。主要有四个方面的内容:一、选好干部促发展;二、学好班规知纪律;三、开好班会明方向;四、学习榜样驱动力。文章题目是"演好班级管理的'开场戏'"。投稿一个多月后,我收到了《新班主任》杂志寄来的刊物。那篇刊录在"起始班级管理"栏目开头,还在微信公众号"致敬班主任"上转载,我欣喜若狂,第一次尝到做老师的幸福。

自此,我工作勤勤恳恳、任劳任怨,假日用心阅读写作。在《新班主任》上,我知道中国有一个好的民间教育组织——爱心与教育研究会。加入后,我与一群志趣相同的同行们在网上学习、探究。在杨富志会长的带领下,我们践行李镇西老师的"五个一",每天上好一堂课,读书一万字,思考一个教育问题,找一名学生谈心,写一篇教育日记。"五个一"的关键是,不断阅读、反思、写作、实践,最终提升自己,成就教育。

每个周末,爱研会里好学上进的老师们在云端相聚,说阅读、促写作、谈行动。唤醒、激励、影响,我们读起来写起来。我接着又买了一些有价值的专著和报刊,如朱永新的《致教师》,李镇西的《自己培养自己》,吴非的《课堂上究竟发生了什么》,张中行的《作文杂谈》,余映潮的《余映潮谈阅读教学设计》,日本作家德田虎雄的《产生奇迹的行动哲学》,孙绍振的《名作细读》,报纸《德育报》,等等。每周,我要写几篇读后感,有些发布在我的博客和微信公众号"新师愚见"里。我忙碌并快乐着!

在教育写作上,我愿意下功夫,除了模仿范文,我还喜欢听关于教育写作的讲座。如《中国教师报》主编褚清源的《相信写作的力量》,主编韩世文的《教育写作的三重门》,让我获益匪浅。

只阅读不写作,我对教育的理解是零碎肤浅的;对教育生活进行深思后,再写出来,我对教育的认识就深刻清晰。教育,如果没有阅读写作,就会使人产生职业倦怠感,就会漠视教育,成为三流教师,教育的幸福感和快乐感也会与之渐行渐远。只有把读、做、写结合起来,我们的教育工作才会有旺盛的生命力。正如一位专家所言:当你把教育现象往本质上靠拢时,你就容易把握住教育写作的真谛了。我深信:正确的思想、理性的观点,能丰富我的教育生活。

马克斯·范梅南指出:从事实践性研究的最好方法,就是说出和不断地说出一个个真实的教育故事!教育故事不是一般意义上的讲述故事,而是一种教育研究,指向教育本质和揭示教育规律。优秀的教师要用"笔"来思考教育教学,正所谓"教而不研,则浅;思而不写,则庸"。我们的教育教学,如果缺少写作,不搞科研,"教学就是一个没有观点的教育,没有灵魂的教育"。近几年,我的思考行动,写成教育故事,在《中国好老师》《德育报》《新班主任》等报刊发表,这些有内涵的文字,在潜意识里,指导我的实践。通过阅读、反思、写作,我对育人法、阅读艺术教育、学困生转困、作文教学有新的认识。

我只有把阅读后的收获写出来,再付诸实践,才能看到教育的春天。2015年7月,伴着可怕的救护车鸣笛声,我躺在市医院手术台,只有切除脾脏才能保命……出院后的休养期,我自感元气大伤,身体虚弱。开学了,我想到农村学校领导安排班主任的难处,想到担任班主任才会有更好的教育实践机会,尽管身体还需休养,尽管乡村班主任很辛苦,我还是在工作志愿表上坚定地填上"申请当班主任"。面对因乡村单亲家庭、留守儿童等因素导致教育困难的问题,我没有退缩,苦中作乐。我深知,只有真实的付出,才能写出精彩的教育故事。

很多时候,我们忽视了"育"学生,"育"就是要学会唤醒、引导、强化。"育"做好了，学生才会逐渐养成好习惯、塑造好个性、培育好精神。

基于一些学生缺乏内在动机、精神萎靡，在实践中，我试着采用德育模式，开展"学英雄做英雄"、讲故事、阅读写作交流、培养艺术兴趣（画石头画、做手工）、编写心灵妙语、办班级报等活动，从人的长远发展来践行教育，唤醒沉睡的巨人，激发求知欲，培养想象力，关注人的心灵成长。

这些教育思想和实践思路，都是通过阅读、写作总结出来的。在参加"中国好老师""2019年走遍中国·寻找最美教师"评选时，我把阅读后的总结思考、教育实践形成文字材料，提交给组委会。通过专家评委审核，我被评为"中国好老师""2019年最美教师"。后来，我得到了公益机构组委会的肯定，到北京参加颁奖典礼，走上领奖舞台。那一刻，教师的职业认同感、成就感和幸福感油然而生。我实现了自己的专业成长，收获了教育的幸福，为平凡的教师生活增添了几分诗意，提升了教育境界。

我的专业写作，是对自身的教育思想观念、教学策略行为的不断反思、修正、总结、提炼、升华。只有教师成长了，学生才可能更好地成长。纵观古今中外的教育名家，活跃在当今教育界的专家、名师、新秀的成长经历，无不昭示了教育写作是教师成长的不二法门。今后，我将继续坚持教育写作，记录个人的教育生活，书写自己的教育故事。

如果只是我爱写，学生不会写，那是"单相思"。只有师生共读写，我的教育教学才能奏出美妙的乐章。关于"读做写"的"做"，除了探究育人法、学困生转困外，我还进行了读写改革。我从张中行等几位作文教学专家的著作里得到启示，改进了我以前落后的写作教学法，如引导学生培养写日记的习惯（包括阅读、日记交流会），说作文，多形式批改，创设展示平台等。关于展示平台，主要有班级报、作文刊物《隐形的翅膀》。

老师读写诚可贵，带领学生读写价更高。近六年来，关于作文教学，我班学生主要是写日记和大作文训练。为了激发学生的写作兴趣，我开展了读写（日记）交流会，在刊物上展示作文成果，参加作文比赛。记得我的一名学生，第一次语文考试40多分，我引导学生写日记后，大半学期，他居然写了113篇，后来考过60分，虽然分数仍然不高，但他的写作向前迈了一大步。

在工作中，遇到困难时，我曾彷徨过；情绪低落时，我曾想放弃过，但只要阅读写作，我内心就会产生一股强大的力量，朝梦想方向行走的脚步会更坚定。

愿更多的同道们，在教育的百花园里，有诗意的人生追求，书写自己更精彩的教育传奇！

◎ 王晓波

写作，遇见更好的自己

我从小就被大人们认定为内向腼腆，并贴上"不善言辞"的标签。这标签仿佛是一道符咒，又好像真是为了印证大人们的说辞，我越来越害怕开口。不得不开口时，我也总会语无伦次、词不达意，于是，又被贴上了"思维混乱"的标签，从此更加不愿意开口。积极的标签会激励着人不断向上向好，消极的标签就像是如来佛祖的五指山一般，压得人透不过气。想要撕掉标签，摆脱被控制的局面，却又不知从何入手，这是困扰着我整个青春期乃至职业初期的人生大课题。在很长一段时间里，我陷入了自卑消沉的境地而难以自拔，不仅专业发展受限，而且生活也陷入困境。是写作，赋予我新的生命，引领我一步步走出窘境，走向光明，并最终遇见更好的自己。

见众生：学会细微观察，获得教育的敏感性

我的写作初体验始于 2002 年 9 月。彼时，学校正积极参与朱永新教授所发起的新教育实验，每位教师都在"教育在线"网站上发帖，热情空前

高涨。我刚刚踏上班主任岗位，对班级事务有诸多困扰，建立主题帖多为白描式地记录班级发生的琐事，比如从"今天学生没有值日就回家了""学生们行为习惯太差了，下课后在地上打滚，一点都不像四年级的学生"，到"小阳最近经常迟到""小涵上课总是没精打采"……很多人对这种类似于流水账的记录不以为然，甚至嗤之以鼻。但在我看来，这是教师教育写作之初必经的阶段。就像苏霍姆林斯基在《我怎样写教育日记》中所写的："凡是引起你的注意的，甚至引起你一些模糊猜想的每一个事实，你都要把它记入记事簿里。积累事实，善于从具体事物中看出共性的东西——这是一种智力基础。有了这个基础，就必然会有那么一个时刻，你会顿然醒悟，那长久躲闪着你的真理和实质，会突然在你面前打开。"

量变引起质变。我理解苏霍姆林斯基所说的"顿悟"，就是马克斯·范梅南所言的"教育的敏感性和机智"。通过这样日复一日、年复一年的记录，我的目光逐渐由关注一个班级的共性，在意全体同学整齐划一的动作和思想，转而聚焦于一个个具体的学生。我意识到我的学生不是机器，不是我的工作对象，而是一个个鲜活的生命体，我不仅能看到他们的喜怒哀乐，还能体察到他们的困境与烦恼，触摸到他们童真而柔软的内心，自己的内心也多了一份敬畏和悲悯，并逐渐获得一种教育的敏感性——一种周全的、充分体贴他人的思想。这是一种特殊的才能，需要我们有针对性地观察、聆听具体情境中的某个具体孩子或某群具体的孩子们，和他们进行互动，给予反馈，进而培育和保持教育的敏感和机智。

有个坐在第一排的小姑娘，无论上课还是写作业，经常会站起来。她无故站起来，老师就要批评她不守纪律；随意乱动，同学就要责怪她挡住了视线。而真相是这个小姑娘太矮小了，但她的凳子又矮，老师的板书只要偏黑板下方一些，她的视线就被讲台挡住了，她不得不站起来看。写字也是一样的道理，她一坐下来，下巴都快贴近桌面了，让她怎么写字？我于是给她换了高一点的凳子，再匹配一张高度适宜的桌子，她随意站立的问题再也没有发生过。我还遇到过这样一个小男孩，他的桌子底下经常有一堆刺眼的白色纸巾，经常使班级被扣分。我几次三番提醒，他也很愧疚地应承，但依旧收效甚微。我观察到他经常流鼻涕，时不时要擤鼻涕，下课的时候还好，总能把纸巾及时扔到垃圾桶，可是上课了不能自由走动，他一用完纸巾就往桌肚里塞，塞着塞着桌肚满了，纸巾就不断往下掉……我才知道，他有很严重的鼻炎。我庆幸自己面对"屡教不改"的他，没有不由分说劈头盖脸地批评，而是选择了冷静地观察。我和他商量，给他专门配一个垃圾桶，等垃圾桶满了，自己整理好再扔到大垃圾桶……

见天地：学会深度思考，拥有教育的思想力

2007年12月，我因班主任工作做得出色，获得了一个外出培训的机会，见到了仰慕已久的李镇西老师，第一次听到李老师对自己教育生活的四字概括：做、思、读、写，也就是实践、思考、阅读、写作。李老师解释说，在这四点中，最重要的是实践，只有做得精彩才能写得精彩。

我第一次开始思考实践与写作之间的关系：实践，在不同的语境里，有不同的含义。它可能是一种行动，也可能是一项变革。而写作，则不仅仅是简单的记录，而是通过对实践的回顾与梳理，获得一种再认识，从而再反作用于实践。说到底，写作是为实践服务的，实践与写作是相辅相成，相互成就的关系。就像陶行知先生所说，行动是思想的母亲……行动生困难，困难生疑问，疑问生假设，假设生试验，试验生断语，断语又生了行动，如此演进于无穷。懒得动手去做，哪里会有正确的思想产生。

2008年6月，我赴泰村实验学校绵竹班支教。我所面对的是一群从地震灾难中走出来的孩子，这是一个我从未接触过的群体。我坚持每天晚上

对一天的工作进行梳理，写下反思，寻求解决与突破之道。在这样的反思观照中，我越来越觉得自己知识的贫乏。我开始尽可能多地涉猎教育学、心理学、哲学、人文社会等方面的知识，让自己始终保持一种学习和思考的状态。在支教的一年里，我写下了 18 万字的教育笔记。在这些文字背后，有对班级建设系统化建构的尝试，有对教育整体性的思考，有隐性的教育功力的积淀。自此，我的写作进入第二阶段，由记录事实走向解决现实问题，由聚焦一个个个体，再次将目光投射向班级的整体，从全局考虑，长远规划一个班级的建设和一群学生的成长。

2014 年 9 月，我主动申请做回班主任，接手了全校闻名的三（12）班。我从带着学生给班级起名开始，规划一个班级未来四年的发展蓝图。因为在我看来，起名的过程，其实就是学生对未来生活展开想象的过程。我组建了由科任老师、全体家长和部分社会人士共同组成的班级发展智囊团，重新设计学生评价体系，为学生定制各种成长课程，其中一个课程是贯穿学生三、四、五、六年级四年的"农历课程"。四年里，我带着孩子们以自然为友，以天地为师，一起经历了自然万物有令、生产生活有节、人生社会有节、人身人性有气四个螺旋上升的课程阶段，为学生的生命打上浓郁的底色。毕业时，这个昔日人人唯恐避之不及的班级，一举成为学校耀眼的明星班：语、数、英各科毕业成绩遥遥领先，稳居全校年级第一，综合排名和重点中学的录取率都是全校第一。一间教室里的改革源于对教育、对社会、对世界的整体思考，是经由写作垒起的深度思考。

见自己：将个体经验转化为公共知识，创造教育的生产力

2020 年初的居家生活期间，我结合疫情对学习的影响，以及对当时线上学习的观察与思考，撰写了《拥抱教育变革，迎接未来挑战》《居家学

习,未来生活"必修课"》等文章发在公众号上。没想到,文章受到多方关注,常州教育下属的官方公众号进行转载,由南京师范大学出版社出版的《突发公共事件时期的班主任工作》一书收录了这两篇文章,《江苏教育》2020年7月刊以《自我跃迁:后疫情时代班主任的应然追求》为题,刊发了其中一篇文章。

这个事件给我的启示有三点。

其一,教师个体价值正在被放大。长期以来,中国教育学的话语体系被教育理论工作者所把控,高校教师和研究人员是教育理论的主要创造者和研究者,而一线教师尤其是小学教师很少有参与话语体系建设的话语权。但在信息高度发达的时代,人人都是自媒体,再小的个体也有自己的品牌,教师个体的价值得到了放大与重视。一线教师也可以提炼并创造出"属于自己的句子",建构属于自己的思想体系,为教育理论和实践的研究贡献自己的智慧。从这个意义上来说,教师应该享受写作带来的自信和幸福。

其二,教育写作价值正在被重构。我一直觉得,写作是一项比较私人化的事情。无论是因为观察记录而提升教育的敏感度和觉察力,还是因为追问思考提升思维力和表达力,都指向促进教师自身专业发展,与他人无关。但公众号的写作,让我看到了写作的另一重价值,那就是将教育教学经验转化为专业研究成果,使教师的个体经验转化为可以被认识、被理解、被实践、被推广的公共知识,实现教师个体研究成果向教育生产力的转化。

其三,多锤炼思维力和表达力。教育写作是一个将自己长期沉淀、孕育、提炼的教育经验、思想和认识,"编织"为语言文字的过程,这个过程涉及精心选题、谋篇布局、准确表达等多种技巧与能力。但决定教育写作水平高下的并非是写作技巧,而是作者认识水平和思维能力的高下。因此，还需进一步锤炼思维力，加强对教育问题的理解，对教育现象的分析，对教育实践的思考。同时还要多阅读教育学书籍之外的文学作品，培养良好的语感，让自己的写作成果成为形与质完美结合的公共知识。

  写作，让我不断挣脱表达与逻辑的桎梏，不断实现思考与实践的创新，不断走向自信与优秀，遇见更好的自己；也让自己因为被更多人看见，进而走向更加广阔的世界。

◎ 李镇西

如何和学生搞好"关系"

常常有这种情况，仅仅因为不点名地批评了一个男生，他可能回家对父母说老师对他有偏见；但有时候，就算是老师冲动中忍不住动了手，学生依然不怨恨老师。

这说明，师生之间充满感情与信任的关系非常重要。

从某种意义上看，教育的核心是"关系"。以自己几十年的教育经历，我多次说过，和学生关系好了，你就是骂他，他也很开心；如果关系不到位，你就是每天笑眯眯地对他，他心里也不买你的账。难怪有人说："好的关系就是好的教育。"

是的，教育就是关系的建立。

为了避免误解，我还不得不特别说明，这里说的关系，不是庸俗而毫无原则的人际交往。那种充满物质性和利益相关的关系，不是我们这里所说的有特定教育内涵的师生关系。

那么，有教育内涵的师生关系有什么特点呢？

一是真实。这里所说的"真实"，指的是教师本人的真诚、坦荡。我们当然是教育者，但不必随时戴着教育者的面具。相反，我们完全可以很自然地表现出我们的本色，比如童心。有时候忍不住和学生聊聊自己的郁闷，课余和学生一起玩，甚至玩扑克输了时偶尔耍耍赖——当然，这一切都应该是自然的而不是装出来的。苏霍姆林斯基说过，一个优秀的老师，时刻都不忘记自己也曾是个孩子。没有人是完美的，不完美但却很真实的老师，更容易被学生接受。

二是平等。高高在上的老师，很难走进学生的心。平等，不是一种姿态，而是从心里把学生视为与自己人格平等的人。这种平等也不仅仅是一种观念，它完全可以体现在与学生相处时情感上的一视同仁，不把学生分为三六九等。在行为规范上将自己也与学生一视同仁，比如和学生遵守同一规则，违反规则同样按规则处理。我曾经因下课拖堂而按班规处罚自己，学生并不觉得我有多高尚，而是习以为常。这才是真正的平等。

三是尊重。爱是不能勉强的，对于刚刚接手的学生，暂时爱不起来很正常，但必须尊重。爱是内在的情感，尊重是外在的行为。所谓尊重，通俗地说，就是尽可能地维护学生的尊严，让他们感到自己在别人眼里很重要，尤其是被老师重视。在"问题学生"云集的昆明丑小鸭中学，我曾和几位被原来学校开除的男生聊天，我问他们："为什么这么依恋丑小鸭中学？"他们回答说："因为我们在这里有存在感。"让每一个学生都拥有存在感，这就是对学生的尊重。

四是互助。教育，不仅是教师对学生的引领和培养，也是学生对教师的影响和感染。教书几十年来，我真的从学生身上学到了许多东西。我的很多缺点，比如爱发火、不守时等，都是在学生的帮助下渐渐克服的。苏霍姆林斯基说："最好的教师是在精神交往中忘记自己是教师，而把自己的学生视为朋友、志同道合者的那种教师。"陶行知也说："我们最注重师生接近，人格要互相感化，习惯要互相锻炼。人只晓得先生感化学生锻炼学生，而不知学生彼此感化锻炼和感化锻炼先生力量之大。"师生互相帮助，共同进步，是民主师生关系的特征。

我们对学生当然要谨言慎行。毕竟教师的任何一个言行，都可能对学生产生意想不到的影响——或激励，或挫伤。但教师也是人，不可能完美，谁能保证自己的所有言行都恰到好处呢？没关系，师生之间良好的关系能够自动调节可能出现的教育误差。

或者再通俗点说，只要师生之间有了亲密而充分信任的关系，嬉笑怒骂皆成教育！

◎ 蒋自立

寻找共同的生活方式

那天,思想活跃、成绩平平的学生小陈找到我,脱口就问:"自我教育的具体方法是什么?"我笑而不答却反问:"你认为呢?""我建议全班讨论讨论。""好呀,你做好发言准备,把你那一伙人都发动起来。"小陈露出不高兴的神情,嘟囔道:"什么一伙人,又批我。"我笑道:"你是他们的头儿,有什么不好,我正要让你发挥作用哩!"说得他一头雾水。

班会时,我从小陈说起,要求全班自由结合成小组,讨论:你经过的班级是怎样管理的,利弊如何?自我教育的具体方法是什么?

一石激起千层浪,那情景只配得上用"解放"二字来描述。他们兴奋得呼朋唤友,凝聚得促膝而谈,自由得激情四射,整个教室焕发着人性魅力光彩。

"反正是老师一个人说了算!""独裁!""专制!""干部都是马屁精。""专门打小报告。""哪是我们选的?都是老师指定的。""一当就几年,真是老干部。"

"难道就没有一点好的?""老干部?"小毛不满地反问。但却遭到围攻:"人家从小学到初中,都是老师的红人,当然叫'万岁'啦!"

"说过去、反思过去,不是针对个人,而是为了向前看;你们觉得老师一个人独管班级不好，新方法又是什么呢?"我大声问。

学生又七嘴八舌起来："大家选。""我们刚认识，不了解，怎么选?""老师说候选人，我们选。""不行，那又是老干部当选。"

"我说点看法，"我觉得是火候了，该说了，"我们今天是来寻找高一(3)班共同生活的方式。这种生活方式离不开人类文明这个源泉，大家想想历史，它给我们什么启示呢? 其次要放眼现代，又找到什么借鉴呢?"

"专制独裁肯定不行，我建议用民主的方式。"小陈大声说。

"什么是民主呢? 怎样才是民主呢?"我扔"石头"了。

"民主就是大家来管理班级。"

"怎么个大家管理法?"

"总要有个头儿吧。"

"那还是选吧!"

引而不发，跃如也。我又说话了："民主，是现代文明的主题，表现在治理国家上，是一种管理国家的方式，叫政治民主。既然政治民主，当然教育也应民主，表现在我们这里应是班级管理民主，也就是我们的班级生活以民主方式进行。民主的生活方式，要找到具体的载体。如现在文艺节目的载体主要是电视节目，我们班级管理民主生活的载体是什么呢? 我提个载体，你们看行不行?"

迎着学生期待的目光我缓缓道来："这载体叫值周班长制，什么叫值周班长制呢? 具体做法是全班同学自由组合，每六至八人为一组，组成若干个班委会。我班58人，可组成七个班委会，每个班委会推选班长一人，其余均为副班长，负责一周的班级事务，各个班委会轮流值周。"

"好呀，原来如此。"小陈居然叫起来。

"且慢，每个班委会按照什么标准来管理全班呢?"我问。

"那就定个规矩。"小毛说。

"好，那就先组合成七个班委会，选出每个班委会的班长，在他的组织下，讨论并拟定出班规和班委会的职责条例。"我趁势说。

学生从来没有的兴奋，从来没有的主动，展现在我面前，使我惊讶，惊讶什么叫人的潜能如井喷；叫我感慨，感慨什么叫民主的力量如倒海！

当七份讨论稿呈现在我面前，有学生建议，还是由蒋老师汇总吧。我瞥了她一眼："我可不独裁，七个班长，明天中午一点到我办公室议论商定。"同学们笑着散了。

入夜，想着白天的议论，翻着教育书籍，我想为自己的教育行为找到进一步的理论支撑。记得被称为"美国的孔子"的爱默生说过："我付钱给校长，但教育我儿子的却是他的同学。"让同学互相教育，岂不是自我教育吗？

成功学大师卡耐基指出："最重要的是，不要帮孩子去做他自己能完成的事，不要剥夺他发现自己的成功的那种无价的特权与兴奋。"

翻阅七份讨论稿，反驳的心声怦然而出：是谁说让学生自治，他们就无法无天了？请看他们拟的班规和职责条例，条条都符合班级管理规范。反对学生自治的人，他们怕失去什么呢？我百思不得其解。

次日，经七个班长议定的班规和职责条例产生了！又经全班选举，三人考评小组产生了，它独立于每个班委会之外，按职责条例考核每个班委会。

好了，最后决定民主生活是真实的还是虚假的，就要取决于我这个班主任了。我给自己定了规矩，当众宣布：一是尊重每个班委会的决议，只有建议权，没有否决权；二是每周三中午一点，与下周班委会商议值周计划；三是阅读班长日记，及时写出感想与建议。

就这样，师生共同构建的民主的生活方式开始了，自我教育的帷幕拉开了！

◎ 张雁

没有沟通就没有教育

有人说没有爱就没有教育，这话不假。我想强调的是，教育的爱就包括有效的沟通，从这个意义上说，没有沟通也就没有教育。

我以老师在日常教育教学中与孩子们交流时的言说内容与方式为例，加以阐述。当老师的，绝大多数都会遇到下面这种情况：上课铃响后，有些学生依旧在忙活其他的，尤其是在偷偷摸摸地补做未完成的作业。对此，老师一般不会置之不理，往往采取一些应对措施来加以制止。这本无可厚非，然而有些教师所采取的沟通方式很离谱，不仅达不到教育预期，还伤害了孩子的尊严。

那些不靠谱的沟通言行一般有下面种种：

责备——告诉你多少次了，上课要专心。你怎么就不听，总是这样，成绩怎么上得去呢？

威胁——下次再这样做，我就告诉你家长！

命令——赶紧给我收起来！

谩骂——简直就是没脑子！上课不听讲，在这节课上补上节课的作业，在那个老师的课上做这个老师布置的作业，总是拆了东墙补西墙！这样做有意思吗？简直愚蠢透顶！

说教——同学们，你们要想考出好成绩，将来考上名牌大学，就必须养成一个好习惯，这个好习惯就是上课认真听讲。如果在课堂上不专心听讲，走神，想考名牌，那是绝对不可能的！

控诉——你们这样做，就是不尊重我。我辛辛苦苦地上课，还不是为了你们！为了你们考上好大学，有个好前程！

比较——你看看××同学，课前把学习资料准备好，静静地等老师来上课。再看看你，上课这么久了，连课本都没拿出来，你得向××同学学习！

讽刺——看来我这门课你早就学好了，可我很纳闷，既然学好了，怎么考试就不及格呢？

预言——你这样做，时间久了，肯定完蛋！

倘若听者是你，心情会如何？会欣然接受吗？如果不能，老师应该怎么说，学生才会听得进去？也就是说，有没有更好的沟通方式，既能让学生接受，又不伤他们的自尊？答案是肯定的。

下面就介绍几种常用的有效的言语沟通方式。

描述——描述所看见的或者描述问题。老师描述问题的时候，其实也是在暗示学生应该怎么做。例如，老师对全体同学说："此刻，我发现有同学正在补其他作业呢。"老师使用描述性的语言，只说事实，不指责，不埋怨，不露痕迹地提醒学生不该做什么，把学生的注意力引到该做什么上。

提示——老师轻轻地走到补作业的学生身边，俯下身子，说："作业要在课下做啊！"然后若无其事地离开。提示，这种话语方式就像老师送给学生的礼物，学生很愿意接收。当老师给学生提醒而不是侮辱的时候，学生能体会到老师对他们的信任和尊重。所以，得到老师信任和尊重的学生更容易改变自己的错误行为。

简单表达——很多时候，学生不喜欢老师在那里滔滔不绝地说教。对他们来说，长篇大论的说教不如言简意赅的明示。所以，当发现学生言行不当的时候，多说不如少说。例如，当发现学生在补作业的时候，不必怒不可遏，只要轻轻地对他说一句"专心听讲"就可以了。

说感受——"当上课铃响了，我看到还有同学在补做其他学科的作业，我心里不太舒服，我觉得没被尊重。"当老师在表达对某一现象的感受时，只要不攻击，不取笑学生，学生是能够接受的，也能够为自己的行为负责。但需要注意的是，不排除个别学生不服气，腹诽，甚至反驳。对于这样的学生，老师最好把对学生的期望表达出来。例如，"我希望你们上课认真听讲。"

写便条——有时候，学生不愿意和老师面对面交流，老师也不方便和学生当面谈心，在这种情况下，用文字来交流就显得格外重要了。对那些言教不起作用的学生，老师可以尝试给他们写便条，用文字去打动他们。例如：

亲爱的×××：

  老师希望你上课时认真听讲，课下认真完成作业，这样就不用在课上恶补了！老师相信你一定能做到这一点。加油！

爱你的老师×××
×年×月×日

也许会有人问，使用了这一套沟通技巧，学生就一定听老师的吗？坦白地说，不是每一个沟通技巧都适用于每一个学生，这些技巧也不是每次都见效。但这些技巧能帮助我们找到一种语言，让他们的心灵不受伤害，更好地保护孩子的自尊。也就是说，使用这一套技巧的目的不是去操纵学生的行为，让学生言听计从，而是让学生感受到老师发自内心的对他们的爱和尊重！只有当学生感受到老师对他们的爱与尊重时，教育才会发生，接踵而来的将是孩子们的喜人变化。

◎ 戴金红

只有爱是不够的

儿童，最需要的是什么？公认的答案只有一个字——爱！当他们被父母牵着小手送到学校上学的时候，他们会突然意识到，原来形影不离的父母被几个戴着眼镜、拿着书本的老师代替了。于是，他们渴望老师像父母那样无微不至地关爱他们、呵护他们，容许他们说说笑笑、打打闹闹，甚至发个嗲、撒个娇。不可否认，在某些时段、某些学校、某些老师那里，还是能够满足他们这种被人爱的渴求的。

随着年龄的不断增长，他们发现越来越不敢"放肆"了，天天在他们眼前晃动着的老师们，不仅给他们上文化课，还给他们上"思想教育"课，时不时就会挨骂、挨罚甚至挨打……师生关系搞砸了，弄僵了，破裂了。有时候，他们惊诧于老师的疾言厉色，焦虑于老师的喜怒无常。

他们哪里知道，以升学率的高低来衡量得失的老师，已经不可能带给他们纯真温馨的父母般的爱。因为当老师眼睛盯紧分数、成绩、名次的时候，心里再也装不下一个"人"了。更可怕的是，老师根本就不认为自己的言行是错误的，是违背人性的，是反教育的！他们固执地不间断地做着戕害孩子的事情。对此，李镇西老师从灵魂的深处进行了自我忏悔和批判。就像他在《拳头，竟对准了学生》一文中所描述的那样，李老师理直气壮地对学校领导说:"我打的不是学生,是流氓!""在他面前,我也不是老师,是惩治流氓的警察!"那个时候,他绝不是在强词夺理,而是真的认为自己没有错!那么,在我们的身边,有没有这样的教师呢?恐怕为数不少吧。这种抱残守缺的做法十分可悲,比这更可悲的是,教了一辈子书,一辈子不知悔改。

如果他们能像李老师那样拥有自我教育的能力,那该多好啊!"罚站任安妮",成了李老师永远的痛;"拳头,竟对准了学生",成了李老师永远的悔。他在悔与痛中,自揭伤疤,把自己的"丑"曝晒于太阳底下,以便于天下同道引以为戒。这一点,不是谁都能做到的。谁做到了这一点,并且善于从教育失误中吸取教训;谁把过去的教育失误变成未来的教育财富,谁就会逐渐成长,进而成熟,直至成功。

可喜的是,还有一部分老师有着清醒的头脑,他们意识到了损害孩子身心健康的做法是不可取的。他们不想在这条布满着荆棘和陷阱,充斥着暴力和血腥气的路上跋涉了。他们想改变,想和学生建立一种平静和谐的师生关系。于是,他们放下架子、放低身段、放平心态,唤醒自己那颗最初的心,用童心对童心,大手拉着小手,和学生在一起静待花开,过着心心相印的温馨生活——有的老师和学生一起过节、过生日,有的老师和学生一起游戏,有的老师和学生一起在小菜园里劳动,有的老师和学生一起阅读故事、品味诗歌、创编童话……

这方面,李镇西老师堪称我们的楷模。他揣着童心、爱心和责任心,领着他的孩子们,投进大自然的怀抱,一起翻阅大自然这本奇妙的书。他为孩子们和自己留下了许许多多的温馨记忆。他们在阳光下留下了阵阵欢声笑语,在草丛摔跤、斗鸡、捉迷藏,在雪地里打雪仗……

捉迷藏的时候,孩子们最尽兴。李老师的眼睛被同学们用手绢蒙上了,于是同学们便肆无忌惮地尽情捉弄他,有的拍打他,有的推搡他,有的揪他的耳朵，有的往他嘴巴上贴明星头像，还有的把他推倒在草坪上……

那一刻，他在孩子们的心里奏响了一曲最欢乐的歌。还有他和孩子们在风雪峨眉山演绎的那一个个好玩又甜蜜的故事。他们在峨眉山上玩自制滑梯，孩子们大搞恶作剧——"活埋"李老师，还给李老师举行"葬礼"，举行"向李老师的遗体告别"仪式，有的还往李老师嘴里塞雪……疯到最后，竟然让李老师手臂见血了！女生连忙帮李老师用手绢包扎，男生嘱咐说，轻一点，轻一点……

这欢闹的场面，温情的瞬间，哪里分得清老师和学生啊。在这种氛围中，因为没有威压、没有钳制、没有禁锢，所以就没有压抑、没有窒息、没有卑怯。有的只是天性的释放，自然情怀的流露。这样的师生关系，怎能不令人艳羡，感喟不止，心向往之呢？

李老师写于2015年6月27日的博文《毕业典礼》里，有这样一段话："第一个是银发女孩陈卓怡和她的好朋友邓春艳的舞蹈。此刻的陈卓怡，像芭比娃娃一样可爱！她在舞台上大方地跳舞，我被她的阳光和自信感动。这份阳光，这份自信，是武侯实验中学的爱给她的。"李老师笔下的"银发女孩"其实是一个白化病患者。就是这样一个与众不同的女生，在毕业晚会上大方、自信、优雅地和李老师合影留念，并且在舞台上翩翩起舞，舞出了属于自己的天地。何也？李老师说，这一切，源于武侯实验中学对她的爱。这是爱的力量，是爱让奇迹发生。这爱，不是普通的爱，而是博爱，大爱！

以上所言及的爱，有的是假爱，有的是真爱。那么，什么是假爱，什么是真爱？凡是伤害了孩子，让孩子没了自尊、自信、自立的爱就是假爱；凡是让孩子活得有尊严，有价值，充满对未来的希望就是真爱。前者让人在回忆往事时，痛苦不堪；后者让人在回忆往事时，温馨甜蜜。前者让人遥望未来时，心灰意冷；后者让人遥望未来时，信心百倍。一句话，前者害人，后者养人。

不过，即便是后者，在实践中，它也离不开民主、法制、宽恕、尊重、沟通等要素的通力合作。这就给我们提了一个醒：光有爱是不够的，还得有其他……

◎ 刘爱玲

我这样走进学生的心灵

网络上曾热传过这样一个段子：教书是一场盛大的暗恋，你费尽心思去爱一群人，最后却只感动了自己。我想，假如我们巧妙地经营好师生之间的关系，让每一个早起的清晨和收获的傍晚，都充满智慧和温情，那么受感动的就不仅仅是自己，还有和我们朝夕相处的孩子们。和谐的师生关系，我是从这里开始的——

和他们一起玩儿

爱玩是孩子们的天性。只要有机会，他们就如同一群无忧无虑的小鸟，叽叽喳喳闹个不停。只因如此，每天做完课间操的时候，我就和孩子们一起玩游戏。捉迷藏、踢毽子、贴膏药、丢手绢、拔河……我也总是在孩子们不经意间为他们抢拍照片，发到班级群里去。哪个小家伙在群里发现自己的身影，都会激动得欢呼雀跃。第二天，也总是给你意想不到的惊喜：老师，你的拍照技术挺高，把不怎么漂亮的我都拍得跟明星一样；老师，下次拍照时跟我说一声，妈妈说我的姿势太搞笑；老师，你总给我们拍，奶奶说想看看你和我们疯在一起的样子……这一句句真情的话语，难道不是源于我们彼此的感动吗？玩的过程中，孩子们只是单纯地为了玩而玩；而我，却是戴着"高度近视镜"在审视着他们。我看到了孤僻的他一个人默默地站在旁边当观众，我会过去把他拉到队伍里来一起参与；我看到了强势的她在用各种方式命令着不情愿的听从者，我会悄悄走过去贴在耳朵上告诉她对待别人要友好。拔河游戏中的团结合作，也让孩子们懂得了一个优秀的集体最应该拥有的是什么。就这样，我在玩中更加深入地了解了每一个孩子的特点。他们也在玩的时候，忘记了自己的角色，有什么知心话都会跟我说。游戏的过程，就是彼此感动的过程。那润物细无声的提示，那毫不保留的"秘密泄露"，难道不是彼此的信任所在吗？正如著名教育家李镇西老师在《童心万岁：写给我永远的儿童节》中所言："人不可能永远处于儿童时代，但他却可以永远拥有一颗童心。保持童心，就是保持对事业的创造之心；保持童心，就是保持对生活的热情之心。"

学会向孩子示弱

儿子在上大学之前经常会对我说："妈妈，请不要用命令的口气和我说话，好吗？"可见，孩子不喜欢强势的妈妈，同样也不会喜欢强势的老师。作为每天和孩子在一起的我们而言，适当示弱，一定会让孩子们越来越喜欢你。比如在课堂上讲到某一个知识点，如果有孩子回答得很出色，就可以称其为自己的老师，并告诉他们"三人行必有我师焉"的道理；或者是让这位孩子来给同学讲解，老师对其给予语言上的鼓励，这样就会增强他的自信心。示弱不仅仅表现在学习上，在生活上也是如此。有一次，我的手被小刀划破了，我就故作娇嗔地说："谁有纸巾呀，快来帮帮老师，好疼呀！"一名平时在学习上表现不怎么样的男孩，急切地跑上讲台，用纸巾帮我包好了手。听到我的连声"谢谢",男孩高兴得无以言表。更重要的是人家天天带着纸巾,等着老师用呢!可见,孩子们那种被需要的感觉是多么的幸福和快乐。而我,也会在日复一日年复一年中,感受着来自一颗颗纯洁心灵的挚爱。"适时低头,不只是一个动作,也是一种智慧,一种豁达的情怀,一种百炼成钢绕指柔的状态。"这也正是爱研会十几年来对我的引领和启发。

适时进行家访

家访,对于我们每一名老师来说,可以说是一个极其敏感而司空见惯的话题。班里的学生家庭情况各不相同:近的、远的、贫的、富的、学困的、优秀的……每一年的"万名教师访万家"活动,我们这里都搞得如火如荼。而我,大部分是在周五和孩子这样说:"明天有时间吗,老师到你家去玩好吗?假如你爸爸妈妈同意,那我们就明天见吧!"之后,我总是会接到孩子和家长热情的电话。见面了我会把孩子拉到自己身边,和家长聊聊家常、谈谈工作,最后顺理成章地加入孩子的学习情况。真心和他们交流之后我会发现:每一位家长都很希望老师的友好到来,也喜欢我做他们家庭中的临时一员。当然,每一次家访我都会拒绝留下来吃饭,不管他们有多么热情,我总是一个答案:"下次吧,今天太忙。"其实那只是我的推辞而已,即便有下次,我还是会这样说。周一我也会惊奇地发现,那位被家访的同学,总时不时跟在我的身边,幸福的感觉只有他和我才能真正体会得到。师生之间的依恋和感动,让我嗅到了幸福的味道。而这种味道,会随着时间的推移,情感的加深愈来愈浓。第一次聆听李镇西老师的讲座,他就是这样影响我的:"不必用荣誉来印证教师的成功,你的荣誉印刻在学生的记忆里。"而家访,一定会让孩子们记住你最美的样子。

"只要行动就有收获,只有坚持才有奇迹。"新教育行动论告诉我们:教育不是信口开河,更不是一蹴而就,它需要循序渐进的智慧和滴水穿石的坚持。

和谐的师生关系,我就是这样开始的——和学生疯玩,向学生示弱,走进学生的家,更重要的是走进他们的心灵……现在,又有谁能够说,我们只感动了自己呢?

◎ 李镇西

好课堂好教育

先说什么是好课堂。

关于好课堂的标准或特征，已经有许多老师和专家从不同的角度进行了概括——这个"原则"那个"维度"，还有各种"性"（比如"生成性""互动性"之类），等等。这些概括丰富了我们对好课堂的理解。

但我想根据我的课堂实践，为好课堂的标准提供一个朴素的理解：所谓好课堂，就是有趣加有效。

有趣，就是能够吸引学生，让学生在课堂上兴趣盎然、心情愉悦、如沐春风，觉得时间过得很快；下课后盼着第二天再听这位老师的课。有效，就是教师完成了教学任务，而学生们有成果——无论知识的、能力的、情感的还是思想的，总之有收获。

有趣，是手段；有效，是目的。如果只是有趣而没有效，课堂就成了看"小沈阳"，搞笑而已。但如果课堂没趣，只追求所谓的有效，一味地灌输，那么这样的课学生不爱听，也很难达到真正的有效。

如何才能达到有趣？方式可以有很多：语言的诙谐风趣，让课堂妙趣横生；将知识和学生的生活相联系，让学生觉得学知识其实就是学生活；引导课堂讨论甚至争鸣，让学生的思想碰撞；组织学生参与课堂教学，让学生自主学习……这些都能让学生感到课堂有趣，因而全身心地投入。

如何才能达到有效？方法和途径有很多很多，但我认为其中最重要的一点是，把教师"教"的过程变成学生"学"的过程，而所谓学生学的过程，应该是学生互相讲解知识的过程。因为最好的学习，就是给别人讲，这是个常识。多年来我们把这个常识给忘记了，不停地给学生讲，却不让学生讲。于是，知识在我们教师头脑里记得越来越牢固，学生却什么都没记住。而近年来不少学校的老师遵循了这个常识，并利用了这个常识，让学生在课堂上不停地给别人讲，学生的成绩当然就提升了。有效当然不只是指成绩提升，但这是一个最重要也最直观的指标。

再说什么是好教育。

顺着好课堂的标准，我认为，所谓好教育，就是既有意义又有意思的教育。

有意义，是站在教育者的角度说的：我们的责任、使命、理想，我们的教育目的，我们所要传递给学生的真善美品质，还有要培养的公民意识与创造精神，以及要点燃的思想火花和要拓宽的海洋般开阔的胸襟与视野……

有意思，是站在孩子们的角度说的：情趣，浪漫，好玩儿，妙趣横生，其乐融融，心花怒放，欢呼雀跃，心灵激荡，泪流满面——或是教室里老师讲的一个跌宕起伏而又感人肺腑的故事，或是师生在田野上的追逐以及让风筝在蓝天写诗……

这是形象的说法，其实我要表达的观点并不新鲜，无非就是寓教于乐。要强调的是，如果我们的教育只有意义，那教育便成了空洞乏味的说教；如果我们的教育只有意思，那教育便成了浅薄低俗的娱乐。既有意义又有意思的教育，才是完整的教育。

提起这个话题，并非想"既要……又要……"地全面重视意义和意思。不,在任何一个时代,我们所强调的,总是我们所忽视的。比如,今天的教育主要是意义过度而意思不足。从总体上说,我们的教育还是说教比较多,而符合儿童心理的趣味不够。所以,我要呼吁:请给教育多一些意思!

让教育有意思,其实就是苏霍姆林斯基所提倡的,让教育的痕迹尽可能淡化。在自然而然的气氛中对学生施加教育影响,是这种影响产生效果的条件之一。换句话说,学生不必在每个具体情况下知道教师是在教育他。教育意图要隐蔽在友好和无拘无束的相互关系气氛中。

无数优秀教师的成功经验已经证明,教育的意图隐蔽得越好,教育效果就越佳。不动声色,不知不觉,了无痕迹,天衣无缝,润物无声,潜移默化……这些都是教育的艺术,也是教育的境界。

◎ 张学勇

花香蝶自来

今天上午是作文课时间。

六年级的孩子临近毕业了，课早就讲完了，现在的任务主要是复习。作文课吧，也就是学习修改作文。

从最近的测试卷中，我选择了几篇有代表性的文章，一篇一篇地分析——哪里写得好，哪里写得差，哪里需要补充，哪里应该注意……笑声中，一节课的时间不知不觉就结束了。

课间，不用喝水，也不用上厕所，我索性就不出教室了，坐在讲台上随便翻些东西看。

可是，这一帮子孩子一围上来，就别想看得下去。

"老师，下节课还是作文讲评么？"

"老师，下节课讲评谁的？"

"老师，我的就别读了吧！"

"老师，我写得怎么样？"

……

像一群麻雀，叽叽喳喳，让人应接不暇。于是，我捂住了耳朵，表示抗议。

"你们这些家伙,没看到老师讲了一节课累了吗?也不知道关心老师,真是瞎胡闹!"一个心疼老师的孩子大声喊道。

"我们给老师捶背吧?"不知谁在提议。

"好啊!"真是一呼百应,话音未落,我脊梁上雨点般的小拳头噼里啪啦地此起彼伏。有的软绵绵的,欠点火候;有的肉嘟嘟的,恰到好处;有的硬邦邦的,涉嫌偷袭……我闭着眼,面带微笑,尽情享受这暖暖的感动。

"老师,舒服不?"一个女孩子边捶边问。

"嗯,嗯,嗯……"我一个劲儿地点头。

"那就让暴风雨来得更猛烈些吧!"一声招呼,捶背的拳头多了不少,频率快了不少,力度也大了不少。

"哎呀呀,谁浑水摸鱼,涉嫌报复啊?"我很夸张地喊道。

捶背运动立马结束,大家你看看我我看看你,议论纷纷:"谁啊,谁啊?这么小人!"

哈……看我笑了,他们才知道上当了。其时,上课铃恰好响起,孩子们便各就各位,作文讲评继续进行。孩子们时而大笑,时而深思,时而点头……

"这个字应该这样写。"看到一个普遍性的错误,我转身示范板书。

转身的瞬间,后面的学生笑得人仰马翻。怎么回事?我转过身来威严扫视,笑声却并未减弱。有的站起来,嘴咧到了耳朵根儿;有的趴桌上,笑得捂着肚子;有的坐那里,敲打着桌子……众生乱相,笑态百出,我却如丈二和尚,不知哪里又成了焦点、笑点。

曾经因为扣错了扣子被孩子们笑过,曾经因为穿错了袜子被孩子们笑过,曾经因为梳不平脑后的头发被孩子们笑过,曾经因为写错了字被孩子们笑过……我一一梳理,没发现什么问题啊。扣子,一扣一眼,规规整整；头发，刚理的毛寸，再乱也乱不到哪里去；黑板上，一共没几个字，百分百地没写错；袜子更不用说了，绝对原配，成双成对。问题到底出在哪里呢？

于是，停下了讲评。我也笑，笑得比他们还欢。这下，迷糊的是他们了。一个个瞪大眼睛，停了下来。

"老师，你笑啥？"一个孩子满脸狐疑地问道。

咳！咳！我清了清嗓子，一本正经地回答："我突然想起了一副对联。"

"哪副对联，哪副对联？"

"这个嘛——"欲扬先抑，吊吊胃口才更有趣。

"快说啊，快说啊！"一个个伸长了脖子，迫不及待的样子。

"北京潭柘寺的弥勒佛两边的楹联：大肚能容，容天下难容之事；开口便笑，笑世间可笑之人。我在笑你们这些可笑之人。"

"可笑的是您老人家，好不好？"一个孩子立马站起来反驳。

"哦，我哪里可笑了？"小样儿，跟我斗，都还嫩了点，上当了吧！

"你背上有人贴了一张蝴蝶贴画。"话音未落，另一个孩子已经飞快地跑到我跟前，从我衬衫后背上揭下一张贴画。

贴画并不大，上面一只彩色的蝴蝶正翩翩起舞。几个孩子见此情景，又哈哈大笑起来。

"你们知道我的后背为什么有蝴蝶吗？"等他们笑够了，我笑着问。

"有熊孩子借捶背给你贴的呗！这不是秃子头上的虱子，明摆着的事儿吗？"一个擅长分析的孩子很认真地推理着。

"错！错！大错特错！"我一字一顿，很严肃地说道。

孩子们见此情景，顿时鸦雀无声。

"花香蝶自来，是老师把自己开成了花，才引来了蝶。"我面带微笑，显出得意的神色。

台下，立马嘘声一片，许多孩子俯身作呕吐状。我笑而不语，笑看孩子们神情百态。这时候，心里只有一个感觉——幸福。

"老师，你身上落了只苍蝇！"狡黠的小奎突然站起来喊道。这言外之意，我听得懂；这点小坏心眼儿，也瞒不过我的法眼。孩子们都静静地注视着我，看我怎么应对。

"去！去！去！小奎，滚一边去，别贴我身上，这里不是你待的地方，你应该去厕所。"我一边赶苍蝇，一边嗔怪地说。

台下，静了瞬间，立马哄堂大笑，教室里充满了快活的氛围……

◎ 张荣芸

当回"孙子"又何妨

我做梦也不会想到,在我儿子还不到十岁的时候,我竟然当了回"孙子"。

事情是这样的。

那天上午第二节课,我踩着清脆的铃声走进教室,带领学生开始《芦花荡》一文的学习。当课堂进行到"质疑"环节时,一个爱学习、善提问的学生问:"为何作者称文中的主人公为老头子?""对啊!作者为何叫他为老头子呢?"这还真是个问题,那一刻,我也感到疑惑了。怎么解决这个问题?有了,用"迂回战术"。在学生一番思索后,我不紧不慢地反问:"你们觉得多大年龄的人才会被人叫作老头子?"一学生起身答:"我认为六十岁左右吧!""我们碰到六十岁左右的人,通常喊他什么?""爷爷——"学生异口同声地回答。"哎——"突然,一个苍老的颤抖的声音在教室里弥散开来。循声望去,是他,这个平素就喜欢喧闹的学生,上课总喜欢接话,但心地不坏,这些大家都知道。

那一刻,教室里的空气仿佛凝滞了似的,显然,绝大部分学生对这句"大逆不道"的应答声异常吃惊。他们从来没经历过这样的突发事件,我也没有。他们一会儿看看我,一会儿看看他……我心里那个着急啊!我暗暗地告诫自己，要冷静，务必巧妙地处理好这个突发事件，既能起到教育学生的作用，又能恰到好处地活跃课堂气氛，还能消除学生失言后的恐惧。

我该怎么办呢？"冷处理！"来自心灵深处的声音告诉我。对，搁起来，不理他就是了。继续讨论问题，把学生的注意力转移到学习上。想到这里，我转身在黑板上板书了两个词儿，一个是老头子，另一个是爷爷。板书完毕，我指着这两个词说："请同学们认真比较这两个词的差异，然后思索为什么作者在文中用了老头子一词而没用爷爷……""哎——"应答声愈发苍老，颤抖。还是他，这个熊孩子啊！第一声"哎"，你成了同学们的爷爷，第二声"哎"你成了老师的爷爷，你让我们情何以堪啊？

我仿佛听到了学生在呐喊："扁他！扁他！扁他！"

"宽恕他！宽恕他！宽恕他！"我仿佛听到了上帝在呼唤。

说实话，那一刻的大脑，真的发懵啊。在我三次深呼吸后，我想：当老师的怎么能和一个孩子一般见识呢，我应该听从上帝的召唤吧。因为在我心目中，老师就是上帝派到学校的天使。如果我们是天使，就不要动不动就上纲上线。如果我们是天使，绝不能把一个美好的故事演变成一个丑陋的事故。

他当了一回"爷爷"，我们当了一回"孙子"，就因为这，就要训斥、惩罚、打击他吗？抑或是把他的家长叫来，一起教育教育他吗？我想根本就没这个必要。因为这只不过是一个顽童的调皮而已。我们权当是一个游戏，他当"爷爷"，我们当"孙子"，哈哈一笑，事情不就过去了嘛。

心大了，事就小了。本来也不是什么大事，不就是一个课堂疑问吗？有疑问就要解惑，这才是关键，才是根本。何不让他来回答这个问题呢？毕竟解铃还须系铃人啊！我觉得此法可行，一想到这，心中阵阵窃喜，便对他说："请这位'爷爷'回答这个问题吧。"他慢悠悠地站起来的时候，我发现他的脸红到了耳朵根。我原以为他会因羞愧而张口结舌，谁知他却在众目睽睽下依旧瓮声瓮气地模拟老头子的语气说:"哎,只要抗日,叫啥都无所谓啊!"你别说,还真有些道理。"你这熊孩子,真有一套!"在半嗔半怒中我发出了感慨。

霎时,教室里响起了爽朗的笑声……

这笑声,让我想起了一句话——谁把孩子当天使,谁就生活在天堂;谁把孩子当魔鬼,谁就生活在地狱。这句话说得真好!如此看来,当一回"孙子"又何妨呢?

◎ 黎辕

打开学生想象的闸门

按照教学进度，我们正在一起学习台湾作家郭枫的作品《草虫的村落》。这一篇课文，作者运用了大量的想象，很符合孩子们的阅读口味和认知水平。可以说作者简直就是把自己置身在草丛中，把自己化作一个小小的虫子，眼观昆虫世界的一切情景，耳听自然界一切美妙的声音。全文读来，节奏明快，感情细腻，给人美的享受。

我和学生一起感受作者那一种忘了世界、忘了自己的境界，体会人与自然和谐相处的静谧之美。作者在写法上也特别讲究，由一只黑甲虫写开。我抓住这一特别之处引导孩子们想象，它为什么是一只孤独的甲虫，它经历了什么，最关键的是它又怎么会在接近迷路的情况下找到回家的洞穴。孩子们大胆想象，各有各的说法。孩子们在下面嚷嚷道，"他是一位侠客，远征归来。""他是一位爸爸，辛苦工作以后带着疲倦的身子回到家门口。""他是一个迷路的弟弟，好不容易才找到回家的路。"……我看到孩子们想象的闸门将要被打开，有意控制他们表达的欲望，示意他们接着细读课文，看看还有哪些更为奇妙的发现。

在我们读到文中写黑甲虫和一只娇小的甲虫意味深长地对视良久，它们一起回洞里去这一情节的时候，我将自己的灵感和孩子们的想象力推向了高潮。我提高嗓门大声说:"孩子们,我给大家两分钟时间,你们猜猜这只娇小的甲虫和黑甲虫是什么关系。大家可以发挥想象,不受任何限制,两分钟以后我们以小组为单位发言。"

不一会儿,就有几个同学举手了,我耐心地等待其他同学思考。时间到了,我按照规则,请同学发言。

乐子说:"老师,我觉得它们是上级和下级的关系。因为你看,黑甲虫是一个侠客,体态又比这只虫子大,小虫子肯定是出来迎接大侠归来的小侍卫或者勤务员。"同学们笑了,我点了点头,示意乐子坐下来。

帆早就把手举得老高老高,我示意让帆来发表自己的观点。"老师,我觉得这只小虫子是黑甲虫的儿子。他听说爸爸回来了,就出门看爸爸。"孩子们哈哈大笑,我也笑了。我问:"你接爸爸回家吗?"他摇了摇头说:"爸爸很忙,每天回家我都睡着了。"

我看见琦在晃动着自己的小手,我点名让她来说。她先是甜甜地一笑,然后说:"老师,我觉得小甲虫是黑甲虫的妹妹。我和我弟弟一天就是这样相迎相送的。"我觉得她说的还蛮有道理,我确实看到他们姐弟俩和和睦睦地在一起说说笑笑。

小才子晓用眼神给我示意,好像在说他有更好的见解。他站起来说:"老师,我怎么觉得它们像一对恋人。意味深长、对视良久这两个词就有这种感觉。你看娇小的一位南国女子终于盼回思念良久的英俊侠客,久别重逢,好像在叙旧,而且是对视良久,才一起回洞,可见它们是多么的激动,情之真,爱之切。"还没等我来得及说什么,乐子早就抢着说:"对啊,你们看它们挽着胳膊一起进洞房了!"孩子们一下子哈哈大笑起来。

这一群小家伙,我提出这个问题纯属偶然,根本不在自己的教学设计当中,却收到了意外的效果。后面的内容大家都是在轻松愉快中学习的,比如蜥蜴身上去远房亲戚家串门的虫子、大树下的音乐会、草虫的劳动……孩子们完全就把自己当成了昆虫中的一员。有的同学还告诉我他们在生活中观察到的虫子的一些活动。整节课，我充满一种幸福感和成就感。我也看到不常回答问题的孩子在跃跃欲试，脸上有了微笑，这说明他们也在思考，他们跟课文内容有了共鸣，他们的思考跟上了我引导的节奏。

学生学习一方面需要自我努力，另一方面还需要老师的引导，培养他们的思维能力。思维活跃了，学习就更加轻松，成绩当然不会差。这节课，我因一个无意的举动激发了孩子们的想象力，让他们的思维活跃起来。他们敢想敢说，不受限制，因为作者这篇文章本来就是在想象的基础上完成的，所以我就想，在课堂上我们应该鼓励学生大胆想象，哪怕是异想天开；我们也应该鼓励学生大胆说，哪怕是不着边际。当孩子们想象的闸门打开，他们的表现会让我们吃惊。多少发明创造，就是在那一刹那的突发奇想中产生的！

◎ 袁建国

警惕课堂上的"不由自主"

课堂上,教师不由自主的好习惯值得提倡,说明教师已经将教学规律内化,已经习惯成自然了。然而许多不良教学行为的不由自主,实在是要不得的,比如"不由自主地讲"这一老掉牙的问题。教师一旦落入这种不由自主的窠臼,便会对自己的不良习惯毫无察觉,当然也就不可能改正,最后受害的不仅仅是教师自己,还有全班学生,甚至是一届又一届的学生。

如何剔除坏的不由自主?我们不妨这样做一做。

首先是"明",明白自己最应该知道的"不知道什么"。

有人总结,我们对事物认识的演变过程可以分为四个境界:第一是无知无畏境界——不知道自己不知道,第二是闻鸡起舞境界——知道自己不知道,第三是了然于胸境界——知道自己知道,第四是随心所欲境界——不知道自己知道。对教师来讲,我们要想在课堂教学上成长成熟,就必须突破第一境界,即明白自己确实存在许多"不知道"。

课堂上,教师这样的不知道随处可见。比如"一指禅"现象——教师点名学生回答问题时,用一根手指指着学生。评课的时候给教师提出来,教师却一脸的惊讶:"是吗,我怎么不知道?"

比如霸占课堂现象——教师用自己的讲解替代学生的活动,我们给教师提出来后,教师也是一脸的不相信:"是吗?我都是点名让学生回答的呀。"

看来这些都是教师的"不由自主"了——他们都知道这样做不对,却一直在不由自主地做着,这是非常可怕的事情。

所以我常说"明师比名师更重要",这里的"明师",最重要的就是明白自己确实存在着许多不由自主的错误做法。

其次是"照",找出自己不良的不由自主。

怎么能找出课堂上不由自主的不良习惯呢?我曾经写过一篇文章《课堂亦需"照镜子"》,所谓"照镜子",就是像生活当中的照镜子那样找出自己课堂上的缺憾,其中介绍了两种方法:一种是让别人给自己照,比如教师评课、学生评课等等;一种是自己给自己照,指教师利用录音笔、录像机、录播室等把自己的课堂录下来,课后反复听或者看,从中找出不足之处。

许多名师都是用"照镜子"的方法,来找出自己课堂上不由自主的不良习惯的。如李镇西老师初登讲台的时候就用这种方法。他每节课都将学校笨重的录音机搬到教室,将自己的课录下来,晚上反复播放,寻找需要改进的地方。

钱守旺老师也是这样。刚走上讲台时,他紧张、拘谨,板书不流畅,教学语言不生动,学生的反应总是不尽如人意。为了改进自己的教学语言,他常常用录音机把所讲的课录下来,然后反复播放,矫正语句、语气和语调,每一个细节都不放过。

在"照镜子"方面,华应龙老师最为典型。不太会说话是他的软肋,在如皋师范学校实习的时候,同组的同学教给他一个方法,那就是在上课说话打结的时候用说"好"字来连接,这样既不会被学生看出来,又能给自己一个缓冲和思考的时间。结果有一天,课堂上发生的一幕让他很尴尬。有两个学生上课争起来了,原因居然是他们统计老师上课说了多少个"好"字,双方统计数字有出入,一个说是42个,另一个说是38个。这件事对他的触动挺大。他突然也想知道自己一堂课究竟说了多少个"好"字,为什么自己的课堂语言会如此不连贯。于是,他找来录音机,录下自己的课,课后通过听录音反思,从而做到扬长避短。从那时候起,听自己的课、反思自己的课堂成了他的保留曲目。

最后是"改",找出一个改一个,不贪多,重实效。

对于找出来的不良教学习惯,打包整改也是可以的,但因为"不由自主"类的不良习惯,改起来难度比较大,教师还是根据问题列出规划,确定重点,一个一个地整改效果比较好。

对于整改的方法,问题不同可能方法就不一样,但无论哪种方法,可能都需要下一些笨功夫。

我曾遇到过一位教师,他上课口头语特别严重,"嗯""啊""是吧""对不对"不离口,我给他提出来之后,第二天他就邀请我去听课,检查他的整改效果,没想到他竟然全部改掉了。我问他用了什么方法,他说,其实很简单,就是尽量让自己少说话,把不得不说的都备详案,然后全部背下来,教案之外的一个字都不说。对于青年教师,这种方法虽然"笨",却不失为一种好方法。

上文提到的钱守旺老师,为了改正自己紧张、拘谨、教学语言不生动的毛病,经常在家里对着镜子练表情,以致妻子说他是神经病、活魔怔,但他却说:"神经也罢,魔怔也罢,我只相信一点,不管干什么事,要想出成绩就必须有一股魔气劲!"正是凭着这种魔气劲,他成长非常快,最终成为全国知名的特级教师。

梭罗说过:"知道自己知道什么,也知道自己不知道什么,这就是真正的知识。"作为教师,我们大多知道自己知道什么,但不知道自己不知道什么的也大有人在。期待更多的教师能够警惕课堂上不良的不由自主。

衡量一个老师的爱与优秀的程度,关键看他如何认识和对待问题学生。在好老师的眼里,没有问题学生,只有学生的问题。好老师就是学生的"110",智慧地帮助学生打败问题,而不是被问题打败。

「第三辑」

慧心育人

◎ 詹大年

"问题孩子"是这样被"治"下来的

2011年,昆明丑小鸭中学开办。

这是一所民办初中,专门帮助初中阶段不适应传统教育、不接受传统评价的"问题孩子"。

十年来,丑小鸭中学坚持做没有恐惧的教育,帮助两千多名来自全国的孩子回到正常的生活状态。

我一直认为,孩子的本身没有问题,是他们遇到了问题,自身却没有解决问题的力量,又得不到有效的支持,才会有"问题孩子"。他们遇到的问题,表现为厌学、弃学,表面上看起来是学习问题,但实际上是"关系问题"。

解决了"关系问题",其他问题就迎刃而解。

人,是关系的动物。一种关系解体时,另一种关系会自然产生。一种关系建构时,那种与之相对立的关系会自然解构。

关系,是教育之始,也是教育之终。

以下几个方面,就是丑小鸭中学"关系教育"的秘密。

部门设置的与众不同

丑小鸭中学的二级行政部门是学习部、心理部、生活部。那为什么没有教学处、德育处（政教处）、后勤处呢？因为，学习比教学重要，心理比德育重要，生活比后勤重要。站在学生认知发展角度考虑，教学是被动的，学习是主动的。站在学生心理需求角度考虑，心理是温暖的，政教是冷硬的；生活是多姿多彩的，后勤是机械的。

可以搞定"问题孩子"的心理社

在丑小鸭中学，除了每学期开学那几天，任何时候都可能有新生送进来。这些"新生"，都是弃学的孩子。他们都是因为无法与父母沟通才会被送来丑小鸭中学——其实，也不是送，而是"骗"或者是"绑"。

这样的孩子，到学校后，谁可以搞定？

是学生，是心理社团的学生。

每个新生入校前，心理社团的同学会依据新生的情况设计方案，组织一个临时接待小组，以游戏谈话的方式接待这位新来的小伙伴。

青春期的孩子可能会对抗父母，也可能抵制老师，但一般不会在同龄人面前封闭自己。

就这样，不知不觉，就进入了心理社团的"圈套"。

学习共同体

怎样才能让"问题孩子"主动学习呢？

丑小鸭中学课堂的"学习共同体"是这样的：

课堂上，一般会用到三个工具：学习同伴、学习卡、互联网。

学习同伴一般由三个小伙伴组成。为什么不叫学习小组而称学习同伴呢？因为同伴之间没有组织关系，没有固定的小组长。谁在课堂学习中负责什么，完全由这几个人一起商量。这个分工是动态的。同伴之间必须分享自己的看法，倾听对方的意见，并且要记录对方的意见，照顾到同伴之间的关系。

学习卡的设计是由教师完成的。学习卡不是作业，也不是学案，是对学习过程的记录。丑小鸭中学要求教师设计的学习卡有高度，没难度，要求开放式的记录学习过程，还要照顾到同伴关系。

丑小鸭中学的每一间教室里都有一台大触摸屏电脑，教学楼有不加密的无线网络。同学们是可以拿自己的平板电脑上课的。很多的课堂，老师都设计了"上网查询"的环节。

独立学习、同伴互动、全班分享批判，是丑小鸭中学课堂的三部曲。

这样的课堂，基本上可以照顾到每一个孩子，让每一个孩子在课堂上找到自己的位置。

自由阅读

丑小鸭中学到处是书。阅览室、教室、走廊、寝室、洗漱间都有书。孩子们随手可以拿到书。

这些书，都是学校配置的。

这些书，都没有什借阅手续。

走廊上写着"随手拿书，随意翻书，随心赠书，随时还书"。

学校对学生看课外书没有限制。校园里，随处都是看课外书的孩子。

不一样的家长会

丑小鸭中学的家长会每次有 30 名家长参加，两天时间，以互动体验为主。

这些家长有很长时间没有和自己的孩子有过亲密接触了。他们的孩子，就是因为无法与父母沟通才不得不送来丑小鸭中学。

家长会的主题：沟通。

沟通，是亲子关系的大门。

丑小鸭中学的家长会，只有一堂沟通主题的理论课，其余的都是亲子互动。

亲子晚会、亲子游戏、家庭时装秀，每一堂课都是挡不住的"诱惑"，沟通之门不知不觉就打开了。

自我管理

在丑小鸭中学，文化班级和生活班级是分开管理的。

文化班级按照年级分班，生活班级按照到校时间的先后分班。

不管是文化班级还是生活班级，每个班的班规是不一样的。班规由全班同学一起商讨制定，由值班的同学监督实施。大家觉得不适合了，就一起讨论修改。

谁扫地，谁抬水，谁清理书柜，谁倒垃圾……任何一天都有条不紊。

教室、寝室、图书室、表演厅的装修设计都由同学们一起商量。

管理，是一种创造、一种激发，学校反对枯燥的复制与循环。

人人上台的艺术节

每年的最后一个星期天是丑小鸭艺术节。截至2020年，已经连续举办九届了。

每一位师生都要上台。

节目由师生一起策划。

学生担任主持。

专业的舞台、音响、布景，给人"高大上"的感觉。

只为了满足每一个孩子的表现欲与获得感。

只为了让每一个孩子自己告诉自己——我原来很棒！

还为了一个好玩的校园。

"问题"沙龙

差不多每个星期，丑小鸭中学都有一个"问题"沙龙。所有教师都参加这个沙龙。

每次沙龙，都由老师们轮流担任主持人。

每次沙龙，老师们都会提出自己在工作中遇到的问题，然后其他的老师分享自己解决类似问题的方法。或者，大家一起想办法解决遇到的问题。或许，遇到的问题不需要解决或者暂时不能解决，那就会彼此建议如何走第一步。

在每一次的沙龙中，心理老师都会提醒大家哪些孩子情绪可能会出现波动，建议大家多关注这些孩子的情绪，特别注意不要去点燃他们的情绪。

沙龙中，老师们也会检讨在过去的工作中出现的问题，并且会相互寻找问题的根源，寻求解决问题的方法。

有时，在沙龙中，会临时决定针对比较普遍的问题开展适当的活动。

信任关系的建立

我认为，校长不是管理者，校长是学校教育的设计者，校长的作用是建立自信、他信、公信的校园生态。

信任，不是说出来的。越说教，越虚假。

信任，是一种暗示，是学生的自我成长、自我欣赏。

以下是三个关于信任的故事。

我要去北京

那是丑小鸭中学办学的第二年。

有一天，我在黑板上写下几个字——"我要去北京"。

孩子们看看这几个字，又看看我，很纳闷。

我请几个孩子读了这几个字。从孩子们的眼神里，我发现他们感觉校长今天怪怪的。

我说："请你们分别把四个词——我、要、去、北京，加重语气读。"

第一个孩子读"我要去北京"，他把"我"字读得很重。

第二个孩子读"我要去北京"，他把"要"字读得很重。

第三个孩子读"我要去北京"，他把"去"字读得很重。

第四个孩子读"我要去北京"，他把"北京"二字读得很重。

然后，我说："请同学们针对四位同学读的重音提问。"

课堂立刻活跃起来。问题多得不得了。

孩子们归纳出四个问题：

第一个问题：谁要去北京？

第二个问题：为什么要去北京？

第三个问题：怎么去，怎么回？

第四个问题：为什么选择去北京？

我说："大家查资料、讨论。花两个小时时间，回答这四个问题。"我又说："我要带你们去北京了，你们现在写一个方案。这个方案我不会检查，但我会把方案拿给你们的父母看。如果你们的父母同意你们去北京，并且你们可以从父母那里拿到钱，你们的方案就是最好的！"

"校长，你真会带我们去北京？"

去北京对这些孩子来说，是不敢想象的。

——这些经常离家出走的孩子，被"关进"丑小鸭中学以后，父母亲有胆量放他们去北京吗？

我说："真的。"

一个孩子说："校长，你不怕我们跑了吗？"

我说："我想过了，你们可能真的会跑，但那是你们自己决定的事。你们的父母也问过我，孩子跑了怎么办，你们猜我是怎样回答的——我说，如果真的跑了，你们就在家里等他，不要找，他自己会回来的。"

孩子们都笑了。

孩子们的北京游学方案写得非常好，他们从父母那里拿到了钱。

我立即带他们去了北京。

他们按照自己的设计，有的负责安全，有的负责查资料，有的负责当导游，有的负责饮食，有的负责买票……

9天以后，孩子们乐呵呵地回学校了。

我问："在外面没人管得了你们呀，为啥不跑呢？"

"校长，你那么信任我们，如果我真的跑了，那就没法混了。"

那次以后，几乎每个月学校都会组织所有学生去校外活动，从来没有哪个孩子离开过队伍。

我给你们弄一个领先的网络教室

丑小鸭中学刚刚办学的前两年，学校禁止学生上网，更没有网络教室，因为很多孩子都是"网瘾孩子"。当时，全国很多"戒网瘾专家"视网络如猛虎，媒体报道有一些戒网瘾学校甚至用电击的方式给孩子戒网瘾。

我想，互联网是最先进的工具，因噎废食，让孩子对互联网产生恐惧，无疑是错误的。

2013年4月，我到上海找到了真爱梦想公益基金会。我要给孩子们引进真爱梦想公益基金会的梦想教室项目——网络教室，让孩子们重新认识互联网课程的意义。

我对孩子们说："我不担心你们的网瘾，相反，我要给你们弄一个领先的网络教室。"

有孩子在期待，也有孩子在怀疑。

2013年7月，丑小鸭中学的梦想教室建成了。湖南金鹰卡通频道在这里录制了《中国新声代》节目。

这间教室里，有20台平板电脑，有卡拉OK机，还有很多新书。当然，还有让孩子们耳目一新的课程。可见，问题比答案更重要，方法比知识更重要，信任比帮助更重要。

也就是从那时候起，丑小鸭中学的每一间教室里，都配有大触摸屏电脑，孩子们可以拿自己的平板电脑上课，每个班级每周都有一个晚自习时间可以自由上网。

网络，成了孩子们学习生活的一部分，再也不是孩子们的迷恋与纠结。

孩子们编了《丑小鸭校长与白天鹅孩子》

孩子们可以上网以后，一时间，大多数孩子都成了我的网友。我甚至让孩子们把作文稿发在语文学习 QQ 群里，我修改以后再发回去。有时候，甚至遥控着和孩子们一起在群里修改作文。

有一天，八年级女生徐怡洁对我说："詹老师，我们上网时，很多同学会第一时间打开你的 QQ 空间，看看你写了什么。真的，你写的东西是我们想听的。你的话影响了我们。我们希望可以帮助到更多的人——我想，能不能把你 QQ 空间的那些话编成书呢？"

"能啊，你去组织。你要我干什么，我做。"我相信这个女孩，她特能干。

我立刻集合了全校的同学（其实，也就 60 多个孩子），并让徐怡洁讲了她的想法。然后，我说："谁可以当作家呢，大家想想？"我故意卖了个关子，然后提高嗓门，"从队伍里站出的就可以当作家！"

一下子，站出来了十几个孩子。

我把这些孩子集合在一块儿，说："我给你们一间房子，你们自带电脑。这间房子叫编辑部办公室。你们自己计划、自己管理，我不会来打扰你们，老师也不会来打扰你们。"

编辑部办公室布置好了——其实，就是十几张课桌拼在一起。

这十几个孩子，选出了两个领导——编辑部主任和办公室主任，编辑部主任管编书，办公室主任管纪律。

有一天，我进编辑部办公室，见到了墙上粘贴着的纪律：第一，不准迟到，连续迟到三次自动退出编委会；第二，不准玩游戏，打开游戏后，经值班同学提醒关闭，三分钟后未关闭者开除。

《丑小鸭校长与白天鹅孩子》这本书，7个月时间，他们经过11次改稿，从版式设计、插图设计到签订出版合同，都是孩子们一手完成的。从头到尾我都没有参与。我告诉他们："我不会参与，我也不会看书稿。如果你们需要我开车，就告诉我。其他的，你们自己想办法。"

拿到新书的那一天，孩子们说："现在想想，只会玩游戏真的太幼稚了。"

◎ 朱司芝

N 张便条引导"问题生"成长

思想家卢梭说："世上最没用的三种教育方法就是：讲道理、发脾气、刻意感动。"这不禁让人脱口而问："难道就没有一种行之有效的教育方法吗？"答案自然是肯定的，比如以写便条的方式和学生进行沟通就是一种很好的教育方法。

一

第1张便条

小展同学，你好！

我是你的语文老师老朱同志，昨天，我发现你的《配套练习》上未着一字，甚是惊讶！这是老师做梦也想不到的事！在老师的心目中，你是一个很有潜力的学生，做作业一向是认真对待的。这次为何会出现这种情况呢？我不知道！我猜，或许是忘了吧？如果是这样，那么，老朱同志再一次友情提醒你：清明假期的语文作业是《配套练习》的第20课《词五首》，请加把劲儿，抽空做好哟！期待看到你完美的作业。最后，和你分享一句话：让青春不辜负岁月！你懂的！我看好你哟！

爱你的语文老师　老朱同志
2016年4月5日

跟进式引导：

当昨天（4月5日）我把上面这个便条打印出来的时候，我就想，是只给他便条，还是连同《配套练习》一起给他呢？最后，我决定，先只送便条，由此可以观察小展同学看到便条后的反应，以获得第一手资料，便于下一步更深层次的引导。其实，在我的心灵深处，非常渴望小展同学一看到便条就立马跑到办公室向我要被扣留的《配套练习》，倘若果真如此，那该多好！带着这样的期待，中午1:30左右，我去教室里给小展送便条，他不在，我便委托一同学转交给他。回到办公室后，我问自己："他会不会来呢？"真是希望越大失望越大，盼星星盼月亮，一直盼到下午3:20，也未见到他的踪影，这让我多少有点失落。惆怅中，我带上小展的《配套练习》，去教室上第三节课。来到教室，我把他叫到身旁，问他："你的《配套练习》呢？"他抬起头，只是看着我，就是不说话。我再问："你的《配套练习》呢？"这时，我发现他嘴唇翕动着，然而听不到声音。"你说话啊！"我着急了，加重了语气问。他依旧是说不出话来，我是"只见其人，不闻其声"，只不过，他的嘴唇翕动得有点龇牙咧嘴了。如此这般，我看在眼里，急在心上，三番五次后，只得放弃。就在想放弃的一刹那，一个念头不断地闪"孺子不可教也"，我不必枉费精力！于是，我把《配套练习》递给他，看着他接过《配套练习》转身离去的那一刻，心竟然莫名地疼了一下。我突然意识到，他，莫非是心理上出了问题？要不怎么会对人不理不睬呢？下课后，我带着沮丧的心情往办公室走，走着走着，突然想起了这样一句话:"越是好医院,越有能力救治其他医院不能救治的病人。"由医院联想到学校,是不是越是好学校,就越有能力救助差生呢?这是不容置疑的。只不过,前者得靠好医生,后者得靠好教师。不管我是不是好教师,当遇上这样的一个学生时,置之不理,自然不是我的做派。我想,只要教育得当,或许,他就会成为一个不平凡的人!

我回到办公室,稍作休息后,开始看(4月5日)晚上布置的语文作业——《配套练习》第19课《出师表》。看着看着,惊喜的一幕出现了,他,小展,不仅做了第19课《出师表》,还把第20课《词五首》,也就是清明假期未完成的作业也补做了。小展的这一举动,让我高兴不已。为了巩固这一来之不易的成果,我在4月7日写下了第2张便条。

第2张便条

小展同学,你好!

昨天当我看完你的作业时,心里喜滋滋的。因为你不仅把4月5日晚上的作业《配套练习》第19课《出师表》做完了,还把清明假期的作业《配套练习》第20课《词五首》也补做了。这让老师觉得,你是一个有慧心、不甘平庸、追求进步的孩子。这样的孩子,没有一个老师不喜欢!我怎能不为这样的孩子由衷地感到高兴呢?最后,老师还想就成功这个话题,与你分享一句话,那就是:成功是什么?坚持就是一切!对于这句话,我是这样理解的:坚持是一种人生的姿态,而且是人生中最美的姿态。这种姿态,谁保持久了,谁心中的美好的愿望就会变成永恒的现实。我相信,你心中藏着一个美好的愿望,只是你没有说出来罢了!为了你心中的那个美好愿望,请坚持一下,再坚持一下,实在坚持不住的时候,再咬牙坚持一下。一定会有那么一天,你会发现,你成功了!老师期待这一天早日来临。那时,老师会非常高兴地为你祝贺！

爱你的语文老师　老朱同志
2016年4月7日

跟进式引导：

当我今天（4月8日）把第2张便条递给小展同学的时候，我捕捉到了一个非同寻常的表情和一个非同寻常的动作。事情是这样的：今天上午第四节课，孩子们在紧张地做题。我拿着第2张便条（便条有字的一面朝下，没字的一面朝上）悄悄地来到他身旁，什么话也没说，只是把便条在他眼前晃了晃。他抬起头，看到便条，立刻眉开眼笑了。这个表情，被我捕捉到，那一刻我顿时心花怒放。因为我知道，他的这一个笑，意义非凡。这一笑，表明了他心里有阳光。只要阳光在，一切皆有可能。其实，意义远不止于此。这一笑，还表明了他内心深处已经开始悄悄地接纳我了。接纳是教育的前提条件，因为，只有教育者和被教育者彼此接纳，教育才会起到它应有的效用。这一点，我还从他"接过便条，就想看"这一非同寻常的动作看出来。

一个表情与一个动作，让我看到了希望。于是，我想，不知道昨天布置的语文作业《配套练习》第18课《隆中对》他做了没有。放学了，按照以往，我应该直接从教室回家，可今天我牵挂着小展的作业情况，于是回到办公室，找到他的《配套练习》一看，发现除个别难题没做外，其他的都做了。但是，书写不够认真，我想便条还得继续写啊！

第3张便条

小展同学，你好！

当我给你第2张便条的时候，我发现了你一个小秘密。那就是，你的微笑是那么迷人,那么阳光。这让我看到了你是一个内心洒满阳光的帅小伙。这样的你,如果书写的时候,做到"字如其人",那我在看作业的时候,内心该是多么舒坦啊!我期待着这一天早一点儿到来。那时,我将是这个世界上最幸福的教师之一。最后,与你分享老师最喜欢的一句话:微笑,是这个世界上最美的通用语。在今后的岁月里,咱师徒俩要微笑着面对每一天,好吗?

爱你的语文老师　老朱同志
2016 年 4 月 9 日

跟进式引导:

星期一(4 月 11 日)那天,因事情繁多,以至于忘记了给小展同学周六(4 月 9 日)就写好的便条。我自我安慰:晚一天,也是无妨的!就想明天(4 月 12 日)给他!可一进教室,我却发现便条遗忘在办公室了,当时,我想等下课后再处理。下课了,语文课代表抱着《配套练习》跟着我来到办公室,我拿出便条,对她说:"你把这个给小展同学!而且你要注意观察他的表情,然后告诉我!"她答应后就上课去了。

又一节课结束了,语文课代表来了,她笑嘻嘻地递给我一张纸条,上面写着:当我把字条给他的时候,他先是愣了一下,然后接过便条,看也没看,就立刻用手握成了一团。他当时坐在安同学的座位上,前面坐着徐同学。当徐同学转过头来问他写了什么时,他什么都没说,只是把纸条攥得更紧了,接着就看到他的脸变红了,而且很尴尬的样子。我问他为什么要握成这样,明明还没看?他把纸团弄开,然后看了一眼,接着又握在了手里,并站了起来,摇着头,红着脸,往后走去。

说实话,当看到他把我辛辛苦苦写的便条"握成了一团"这样的字眼时,心里极不舒服,觉得这个孩子怎么这么不知好歹啊!拿老师的好心当驴肝肺啊！那一刻，我感觉很沮丧，费尽心思地去爱他，却讨人嫌、讨人厌，何苦呢？那一刻，我感觉好疲惫啊！原本支持我帮助他成长的那颗心，顿时被他把便条"握成了一团"的动作打击得荡然无存了。但转念一想，隐隐觉得我对这件事的认识出现了偏差。如果这个孩子接到这张便条后没有这样的举动，那他不就是一个正常的孩子吗？不就是因为他有这样那样的问题，我才对他施以援手吗？他这样的举动不就是问题的"症状"吗？在一个好的"医生"看来，他要对"患者""对症下药"，"症状"以及对"症状"的准确分析，就是必需的。

  同理，一个好教师，他若想帮助孩子跨越成长道路上的各种障碍，他首先要做的是探究孩子心灵的秘密，走到孩子的内心世界里去。如果他对孩子的心灵世界不甚了解，那么他施加于孩子身上的一言一行就有可能在无意之中侵犯了孩子个体构建起来的属于他自己的精神领地。尽管，这一精神领地不一定是美好的，甚至是糟糕的，但那也是属于他自己的，不容他人侵犯的一个神秘区域。无论是谁抱有多么好的出发点做了孩子认为是在侵犯他、冒犯他的事，他都会不由自主地启动心灵深处的自保程序——或抵御，或防范，或反抗。对此，教师必须有一个清醒的认识，这是"受侵者"本能的自我保护的一种应激反应，不必大惊小怪。但要想把这类事情做好，教师首先要做的是反省——对孩子的言行要审察，对自己的言行要省察，对事情本身要审视，然后才能谈"对症下药""因材施教"，否则就是妄谈。

  接下来，说说第3张便条引起的他的反应。"愣了一下"，这一"愣"，折射了他的什么心理呢？如果是我，我会有怎样的反应呢？换位体验吧，当一个女生跑过来递给我一张便条的时候，正处在青春期的我，第一反应除了"愣"，还能是什么呢？我想不出其他反应。"愣"完之后呢？接还是不接？自然是接！接了之后呢？我好意思当着这么多同学的面仔细看吗？

自然是不好意思的！那接下来该做什么呢？"握成一团"，不能让同学（安同学和徐同学）发现，发现了那该多难堪啊！于是，当徐同学过问便条写了什么的时候，我一定"握得更紧"，保护好它，否则被他抢去，致使消息泄露，多难为情啊！这样的心理折射在脸上，自然是"脸红"了。

这样一换位思考，我顿悟了，原来是青春期在作祟啊！不对啊！这样推理，得有一个前提，那就是课代表忘了告诉他这便条是我写给他的。如果课代表一上来就表达了这一信息，那么，这推理就毫无意义了。

恰巧，下课了，课代表抱着《配套练习》推门进来，我悄悄地问她："你告诉小展同学，是我给他写的便条了吗？"她答："一开始没有，后来告诉他了。""何时？""就是他不看，我催他看，说是老朱同志给你的。"我一听就开心了，原来如此啊！看来我昨天误解小展同学了，我以为他讨厌我给他写便条呢。

等课代表走了之后，我继续审察小展接下来的行为。当课代表告诉他是我写的便条，并催促他看的时候，他很不情愿地把"握紧的纸团弄开"。却只是"看了一眼"，并没有仔细地看。然而这一眼，他也应该看清了这是老师写的便条，不是女同学写的情书。那么，为何他不仔细看却重新"握"起来呢？我想，原因可能有两个：一是还未从"自作多情"的状态中走出来；二是即便是看清了是我写给他的便条，也是属于他和我之间的秘密。既然是秘密，又岂能随便让他人窥视呢？所以，他"站了起来，摇着头，红着脸，往后走去"，这有了"回避、逃脱"之意。其中，"摇着头"表示失望，"红着脸"表示羞赧。失望什么呢？羞赧什么呢？这就不言而喻了吧！

这一番省察下来，我觉得小展同学的行为，原来并不怪异，完全符合人之常情。此时，我想起了卢梭说过的一句话，他说："要尊重孩子，不要急于对他做出或好或坏的评价。"

这不，在我气急败坏之下，就觉得小展同学心地不善。可事实并非如此。一想到这，我觉得脸上火辣辣的。我愧对于他。愧疚促使我从灵魂深处做进一步的自我批判，我之所以这样做，是因为，我已经认识到，谁抓住了教育失误谁就在成长的路上迎来一个波涛汹涌似的灵魂自我洗涤的契机。这样的契机就是一个教师自我教育、自我发展的绝好的机会，我岂能轻易放过？只要抓住它、剖析它，就会让我的教育智慧越来越多，让我在以后的教育生活中，更加从容地面对一个个棘手的教育问题。

二

下面，我逐一分析我在处理小展这件事上的教育失误。

一是一知半解。小展到底怎么了？莫非是自闭症？抑或是社交恐惧症？我就小展的情况请教了心理咨询师，他给我的答复是，肯定不是自闭症。然后问我，小展和其他老师交流吗？和家长交流吗？和同学交流吗？我竟然一无所知。我感觉我犯了一个严重的错误，在一知半解的情况下，就给孩子贴标签，这，太不负责了。如果小展同学仅仅是不和我交流而和其他老师交流，那说明了什么？如果小展同学不和老师交流，而和家长交流，那说明了什么？如果小展同学既不和老师交流，又不和家长交流，而和同学交流，那又说明了什么？如果小展同学既不和师长交流，也不和同学交流，那说明了什么？这些我都一无所知啊！在一切都茫然无知的情况下却想教育人、引导人，这不可笑吗？于是，羞愧过后，我拨通了家长和同事的电话，家长告诉我，小展在家里不和他们交流，他们很是着急；同事的遭遇和我一样，小展也不理老师。至于他和同学是否交流，这得等到上班的时候再进行了解。

二是操之过急。教育是慢的艺术！这句耳熟能详的话，我竟然忘记了！其实，无所谓忘记不忘记，因为单纯地寻章摘句地记住了某些教育名言，其在教育中的作用是微乎其微的，只有把一种教育理念溶解到骨髓里、血液里，并且在教育生活中加以实践过，形成了教育习惯，才会令人受益无穷。显然，我只是认同"教育是慢的艺术"这种教育理念，但不知道离开了"耐心"，这种理念寸步难行。倘若操之过急，势必事与愿违。这不，我总以为，谈谈话、拍拍肩膀、鼓励鼓励、写张便条，就万事大吉了。岂不知，人心有多复杂，教育就有多复杂。教育岂能一蹴而就？

三是不择手段。或许是因为"一知半解"，或许是因为"操之过急"，才导致在引导小展的时候所采取的措施有"不择手段"之嫌。例如，我该不该让同学给小展传便条呢？不该！该不该让女同学给小展捎便条呢？更不应该！该不该在教室这样的大庭广众之下给他便条呢？不该！我这些"手段"，让他在全班同学面前显得与众不同，从而产生了压力。

说一千道一万，这些教育失误，其实折射出一个根本问题，那就是教育者的教育能力不足的问题。因为能力不足，所以才困惑、抱怨、焦虑、倦怠。也就是说，教师之所以感受不到教育的温馨、浪漫、美好、幸福，那是因为面临一个个教育难题时无能为力或力不从心……一言以蔽之，当一个教师拥有了强大的教育能力的时候，他才会拥有教育幸福！

小展的问题，虽然让我焦头烂额，但是我还是要关怀备至地、深思熟虑地、小心翼翼地去触及他这颗年轻的心灵。尽管洛克在《教育漫话》一书中说："教育上的错误正和错配了药一样，第一次弄错了，决不能第二次、第三次去补救，它们的影响是终身洗刷不掉的。"但是，我觉得该纠正的还得纠正，该弥补的还得弥补。因为我已经有了两个"金刚钻"，那就是"细致"与"耐心"。

于是，当我上班时，我就开展了补救工作。我首先把班长叫出来，向她了解小展的情况，她告诉我，小展同学内向，不爱说话，不过他与班里的徐同学、陈同学关系密切。我赶紧找徐同学和陈同学谈话，我对他俩说："老师有件事，需要你们帮忙，愿意吗？"他们很高兴地说愿意。我接着说："其实也不是我的事情，是你俩的好朋友小展的事情，我不知道怎么回事，老师和他交流的时候，他只是嘴唇翕动，说不出话来。我想知道，你们交往的时候，他说话吗？"徐同学说："他内向，和同桌都不说话……""和你说话吗？"我插话道。"和我说，但话也不多！"这时，陈同学说："和我说的倒不少……"我接话道："谁先开口？""放学我们一块走，有时候是我先说，他接话；有时候是他先说……"我听到这里，舒了一口气，觉得小展同学并不像我想象得那么严重。我那悬着的心虽没有落地，但不再是提心吊胆的样子了。我对他们说："你们既然是好朋友，就要多和他交流，引导他多说话。"

上课了，我首先向全体同学进行了一番自我表白，我说："作为老师，得时时和你们交流、沟通。但是，我不能在上课的时间，尤其是其他老师上课的时候，把你们叫出去和你们谈话、沟通！这样做会耽误你们学习的。但怎么办呢？我想了一个两全其美的办法，那就是，我要用便条的形式，就一些问题和大家沟通！同意我这样做的同学请举手。"小手如林！这时我特意看了看小展同学，发现他很是欣慰的样子。我想，此时的他，是不是已经意识到老师施加到他身上的"优待"并不是源于他特殊，而是面向每一个同学的。这时，我觉得，对于我给他写便条，他不仅不反感，而且还持欢迎态度。我决定继续写便条。于是我在4月18日凌晨写下了第4张便条。

第4张便条

小展同学，你好！

这是时隔一周后，老师给你写的第4张便条。这一周的时间，你不折不扣地完成了老师布置的作业。对此,老师看在眼里,喜在心上。老师觉得你是一个不甘平庸、追求上进的学生。不过,老师想提醒你,除了认真做作业外,上课还要认真听讲。老师所说的认真听讲,除了指注意力集中外,还包括跟上老师讲课的节奏,和老师"一唱一和",当老师抛出一个问题时,希望你能对答如流。期待!加油!

爱你的语文老师　老朱同志
2016 年 4 月 18 日

第 N 张便条
……

三

当小展同学能够按要求完成作业的时候,我的工作重点就转到引导他与周围的人正常交往。今天(4月18日)早上,我早早地来到操场,等候参加例行的周一升旗仪式。在学生即将集合完毕的时候,我发现小展同学站在队伍的最后东张西望,我连忙喊他,当喊第二声的时候,他看到了我,给我一个羞赧的笑。我对他招手,示意他过来,同时我也迎上去,拍了拍他的肩膀,感觉他精瘦精瘦的,于是对他说:"这么瘦啊!要好好吃饭!多吃肉!"这时,听到他含糊不清的回应。我趁机鼓励他说话,对他说:"你应该说,谢——谢——老——师!"这次,他没有迟疑,立即就说:"谢谢老师!"只不过,声音很细很小,但那一刻,我甚是欣慰,觉得这时他已经跨出了最关键的一步。我相信,这一步,会让他慢慢变好的……

这不,今天一上课,我在黑板上写下了一个词"窸窸窣窣",这个词来自《配套练习》第14课《心声》，我在看《配套练习》的时候，发现很多学生"窸窸窣窣"的"窣"字注音为"sū"，我认为这个字应该读"suō"。所以我要纠错，在"窣"字上面注上"suō"音，然后让学生读三遍。可一学生认为，这个字就读"sū"。经查对，果然读"sū"。对此，我很不好意思地说："抱歉！抱歉！刚才我让大家连读了三遍'窸窸窣窣（suō）'，要想纠正这个错误，那就不是再读三遍'窸窸窣窣（sū）'的问题了，需要读6—9遍，大家一起读。"当读到第9遍的时候，有部分同学读上瘾了，竟然读个不停，我幽默地说："还有几个同学'稀稀疏疏'地在那里'洗洗漱漱'呢？"我一边说一边把这两个词语写到黑板上。同学们一看到我写出的这两个词就哈哈大笑起来。我一看，这其中还有小展，就立刻抓住这个教育契机，把他叫起来，指着黑板上的三个词"窸窸窣窣""稀稀疏疏""洗洗漱漱"，说："请读一遍！"他爽快地读了。只不过声音还是不大，但比早上在操场上的说话声要大，最起码，他周边的同学听得见。

这样的事情还有很多很多，我就不再赘述了。我知道，我的这些引导，对他而言，只不过是自我教育、自我成长的一个契机罢了。或许在当下对小展同学起到的作用是微乎其微的，或许给他今后的人生注入了一股力量。所以，不管怎样，我将一如既往地给他创造一个个自我改变、自我成长的机会，比如上课的时候，要多注意他、多关心他，关键是适时地、自然地给他创造表现的机会；下课后和他多交流，不时地引导一下、鼓励一下、赞美一下，直到他能大方、流利地表达。

我知道，迎接这一奇迹的到来也许为时不远，也许遥遥无期，但在这一旅途中，不管发生什么事，我都会用心呵护他、陪伴他、尊重他，绝不会斥责他"屡教不改""本性难移""不可救药"等，甚至容忍他一次次"旧病复发"。我之所以这样做，是因为我被哈维尔的一句话深深地打动了，他说：“我们坚持做一件事情，并不是因为这样做了会有效果，而是坚信，这样做是对的。”这句话给我的启发是：一个教师，穷其一生，如果用对的方式坚持不懈地做一件对的事情，那么他这一生，就是无愧于心的完美人生！

◎ 刘沛华

陪伴一个网瘾学生的 365 天

365 天，在时光长河里只是一串串小小的浪花，而对于一个"业已身陷网络囹圄"的学生来说，却是一段"浴火重生"的艰难岁月。因班主任把特别的爱给特别的他，才使他得以走出阴霾。

——题记

第 1 天

我第一次当班主任，作为一名"新兵"，虽然经过了诸多的无奈、彷徨，甚至是失望，但总算比较顺利地送走了第一届学生。

新学期伊始，我又接了一个新的班级。当我习惯性地第一个走进了教室，站在教室门口迎接学生的到来时，看着那一个个笑靥如花的面庞，我不免有一丝窃喜：这应该是一个班风正、学风浓的班级！

我憧憬着，这个班级将成为我实现梦想的地方。

师生见面会上，学生一一自我介绍，教室里不时响起热烈的掌声。突然，一阵鼾声如此刺耳，同学们的目光齐刷刷投向了墙角处。我也循声望去，只见坐在墙角处的那个男孩趴在桌子上睡着了。我走到他桌前，晃了晃他，他只是微微睁开眼斜视了我一下，就又闭上了眼睛……

下课后，同事告诉我，那个男孩叫小宇，痴迷网络已经不能自拔。同事也哀叹着说，其实小宇曾是个聪明好学的孩子，好可惜！同事还一再"善意"提醒我，不要在小宇身上费心思了，没用，只要把他送毕业就好了。

难道我要像同事说的那样放弃小宇？那天晚上，躺在床上的我，内心五味杂陈，理智告诉我：不！绝不要放弃任何一个学生！

第5天

周六晚上，我决定对小宇进行一次家访。

刚开口聊起小宇，小宇的妈妈双眼就已噙满了泪水。小宇的妈妈告诉我，现在小宇基本上不和她交流，以前都是爸爸陪他上学、放学、写作业、玩耍，自从三年前丈夫因车祸成为植物人后，一向性格开朗的小宇就变得沉默寡言。从那时起，他便走进了网络世界。

临行前，小宇的妈妈声音哽咽地说："拜托您了！救救他吧！"

第30天

小宇之所以沉迷于网络，或许与缺少了父亲的陪伴有着必然关系。缺少了父亲陪伴的他，也就没有了父爱。失去了父爱，对他来说，也就失去了心灵的慰藉，那么他到虚拟的网络世界里去寻找心灵的栖息地也就不足为奇了。

那是一节体育课,同学们陆续向操场跑去。当我走进教室巡视的时候,发现小宇趴在桌子上睡着了。我想,他肯定又熬夜上网了!"下雨啦——下雨啦——下雨啦!"我边大声喊着边向他走去。"骗人!哪儿下雨了?"他揉揉惺忪的睡眼,生气地说。

我坐在了小宇的左边,说:"听说你喜欢打篮球,这节课我们出去打上一场如何?"

"好!"小宇从座位上站了起来,我顺势把右手搭在了他的肩上:"先去书亭坐坐,陪刘老师聊聊天好吗?"他点点头,脸上第一次露出了笑容。

坐在石桌旁,我给小宇讲述了自己初中时因迷恋武打小说而经常逃学,导致学习成绩一落千丈的故事。我告诉他,幸好班主任张老师及时对我进行了教育。我注意到小宇在听故事时,嘴角不时抽动一下。

篮球场上,我和小宇分到了一组。我刻意多次把球传给他,他因此不停地奔跑着,临下课时已是大汗淋漓。比赛结束后,他瘫坐在篮球架下,我向他竖起了大拇指。

此后的一段时间,放学的路上,我陪小宇边走边聊;课间十分钟,我和小宇促膝交谈;体育课上,我和小宇结伴奔跑。

第 56 天

我又早早来到教室,出乎我的意料,教室里只有坐在墙角的小宇。只见他低头画着什么,我看到"生日快乐"四个红色大字。原来他在制作一张生日贺卡。我没有打扰他,便悄悄走开了。

轮到我上语文课时,和往常一样,第一节课下课铃声刚过,我就向教室走去,打算提前告诉小宇,周末带他逛一次书店。还没等我喊出他的名字,他就跑到了我跟前,大声地说:"祝刘老师生日快乐!"说着,他把一张贺卡递给了我。"刘老师,今天是您的生日,借着这个机会,能让我叫您一声'爸爸'吗?我从您的身上看到了我爸爸当年的影子……"看着贺卡上的字,泪水模糊了我的双眼,因为我知道这是小宇发自内心的祝福。

第 112 天

教导主任告诉我,上信息技术课的杨老师因外出学习请假,下一周由我临时代课。

何不让小宇做一次计算机老师?因为这是他的强项!当我把这个想法告诉小宇的时候,他有些愕然,更有些兴奋。小宇告诉我,他的爸爸曾做过9年的代课教师,没有出车祸之前,经常告诉他长大后一定要做一名教师。他还向我道出隐藏心底的一个秘密:三年来,每次看到病床上的爸爸那痛苦的表情时,他心中的"教师梦"就变得更加强烈。他还说,在他的心底一直坚信,如果能实现爸爸的夙愿,一定能减轻爸爸卧床的痛苦。

第 119 天

一周以来,小宇曾多次主动问我这地方该怎么讲,那地方如何处理,我鼓励他:"放开手脚,你作为电脑方面的'行家里手',课堂上一定能成为一个称职的'老师'!"

上午第四节课,小宇自信满满地站在了讲台上,看不出他有丝毫的胆怯。而我坐在了他的座位上,做起了"学生"。他讲授的是一节实践操作课——表格的制作。当他抛出"word 如何增加或减少行距"这个问题时,对于没有任何操作经验的学生们来说,确实无从回答。课堂凝固了,小宇变得有些不知所措。就在大家面面相觑时，我举起了手，从而消除了课堂上的尴尬。

那天晚上，妻女入睡后，我打开了QQ，一个QQ头像不停地闪动着，我急忙双击打开，看到了小宇的留言："刘老师，非常感谢您今天让我做了一次'教师'，过了一把'教师瘾'。今天晚上回到家后，我贴在爸爸的耳边，向他讲述了今天做教师的经历，爸爸一向痛苦的表情上第一次露出了甜蜜的微笑。我向您保证，今天是我最后一次沉浸在网络世界里。其实，我已经两周没有上网了！我只想借最后一次上网的机会感谢您半年来为我的无私付出，以后我一定不会让您失望的！"

看到这儿，我的鼻子一酸，泪水不知不觉流进了嘴角。顷刻间，半年来的苦与累也烟消云散。

我迅速打下了一行字："老师期待你以后的精彩！"

第365天

其实，在学生成长的过程中，他们都会犯这样那样的错误，教师的职责是匡扶、是抚慰、是陪伴。

回顾陪伴小宇走过的365个日日夜夜，我欣慰的是，他从一个被前任老师们拉入"后进生黑名单"的网瘾学生，变成了一个上进的优秀学生。后来中考时，他以班级第二名的成绩考入了一所重点高中。

我想，学生在与教师共处的短暂时光里，心灵得以陶冶，灵魂得以舒展，成为最好的自己。这难道不是学生在学校里应得的最"安全"的成长吗？

这令人难忘的365天，不仅成就了小宇的梦想，更开启了我的梦想之门。直到今天，我仍不敢说自己是个好教师，但我可以自豪地说，我是在用心做教师。

　　后来，小宇以优异的成绩获得教师编制，成为一名初中语文教师。他打电话告诉我，每天下班后，他都要贴在爸爸的耳边说说和学生之间的故事。去年"五一"前夕，他卧床十多年的爸爸，竟然能下床走路了。

◎ 王美娟

被点燃的"燃哥"

早就听说六班有个大名鼎鼎的"燃哥",脾气暴躁,一点就"燃","燃哥"这个雅号由此而来。我接手这个班后,原来的任课老师便提醒我,千万不要"招惹"他。这反而让我对"燃哥"有了一些莫名的好奇。

开学不久,我就见识了"燃哥"的本事。

一天中午放学后,我刚回到家准备做饭,就接到了同事的电话。电话里,同事着急地说:"'燃哥'在用脚踹教室的门,像疯了一样,谁的话都不听。快来,快来!他把门框踹裂后进教室了,又冲出来了,朝餐厅去了。"我顾不得手头上的事,马上骑电动车向餐厅冲去。此时的"燃哥"正在悠闲地吃饭,一副神态自若的样子。我压抑了很久的怒火终于爆发了,我大声质问他:"发生什么事了?"他抬头看了看我,笑嘻嘻地说:"没发生什么事。"我被他那种无所谓的样子彻底激怒了,声音也高了很多:"那你刚才做什么坏事了?""我踹教室的门了。"他说得理直气壮。"为什么要踹门?"我感觉自己几乎要控制不住了。"我的饭卡忘在教室里了,回来拿的时候门被锁上了,我进不了教室,只有把门踹开才能吃上饭呀!"他依然是一副无所谓的样子。

愤怒到了极点,我竟然一下子没有心思去和他生气了,遇到了这样的学生除了自认倒霉，还能有什么办法？望着无可救药的他，我扔下一句话："下午去总务处交钱，把门修好。"便转身离开，我实在是找不出任何理由再多看他一眼。"燃哥"在我的心里已经被放在了死角。

月末，班里组织"感动班级人物"评选，竟然有很多学生推荐了"燃哥"，并列举了他做的好人好事：有一次，我早上来得很早，但"燃哥"来得更早，我看见他把值日生放在桌子上的板凳一条条拿下来；有一次，他发现教室里的垃圾没有打扫干净，他说了句"昨天的值日生怎么扫的地，和没扫一样"，便拿起扫帚把地又清扫了一遍；有一次……看完这些，我开始反思：是不是我对他了解得太少了，"燃哥"，看来我还真得好好认识一下你。

一次家访，让我对"燃哥"多了几分了解和同情。原来，他的爸爸在他上小学的时候，因为性情暴躁触犯法律被判了几年刑，同学们都嘲笑他，也不愿意和他玩，慢慢地他就开始变得孤僻而倔强，开始用拳头来解决问题，脾气也越来越暴躁。因为惹事太多，他在原来的学校待不下去了，辗转换了好几个学校，最后不是被老师劝退，就是被其他家长齐心撵走。他的妈妈没办法，只能拼凑了些钱让他到我们学校上学。在以后的日子里，我开始刻意地去关心他、引导他。"燃哥"也确实安稳了不少，虽然还是小错不断，但是大的错误少了很多。

按照学校要求，班里要做一个班级文化展台，当我为设计版面发愁的时候，"燃哥"跑过来告诉我："老师，这次的班级文化展台由我来做，行吗？"我有些犹豫，以前班里的几个美术精英忙活很长时间都做不好，他怎么可能做出来，这可是要参加学校评比的呀！他似乎看出了我的疑虑，便央求道："老师，给我一个机会吧，让我试试，保证不会让您失望的。""那好吧！"虽然还是有些不放心，但是我从他的眼神里看出了从未有过的渴望，所以我决定给他这个机会，大不了评不上奖。

两天后，当他把设计好的版面放到我的面前时，我大吃一惊：真的是太完美了，正是我想要的那种风格。课间，同学们围在版面前一边欣赏，一边夸奖"燃哥"的设计，而"燃哥"则躲在一边不好意思地低着头，那份少有的羞涩和幸福的喜悦在他的脸上开始荡漾。"'燃哥'真棒，燃烧起来就是一道光芒！"不知谁喊了一嗓子，教室里就热闹起来，"燃哥"真棒的喊声响遍了整个课间。

是呀！"燃哥"点燃后未必就是爆炸和破坏，也有可能是光芒和温暖呀！"燃哥"，希望这一次你是真的被点燃了。

◎ 潘升锋

一个另类学生给我上了一课

一直以来,我总是强势地给学生上课,告诉他们应该如何遵循规范,告诉他们哪里错了,引导他们对照着标准做。不料今天,一个刚辍学的学生结结实实地给我上了一课,让我为之一动。

一个另类学生

2011年9月1日,这天上午来了一个从江苏转学回来的七年级学生,她到我面前登记报到,自称文静。我抬头,微笑着看着她,她面无表情地看着我,和其他学生一样。

其实,这个学生我听说过。因为他哥哥刚刚从我这儿毕业,曾和我说起过她。他的父亲也在开学前打电话给我,说让我好好照应他的女儿。因为他的女儿从小就跟父母在外地,没有离开过父母,现在一个人回乡读书,很不放心,希望我能对她格外关照。

实际上,开学后很多事务缠身,我仅仅把她的情况和班主任交代了一下,并没有过多地关注她。当时新学校刚刚组建,事务太多。更重要的是，我看她文文静静的，就像她的名字，不像劳神的主儿。直到有一天，听说她带领班里的几个女生找九年级女生的麻烦，并且打了群架。

完全出乎我的意料！几个才上初中的毛丫头竟然去打人高马大的九年级学生。这么多年来，我还是第一次听说这样颠覆常理的事情。这种事在咱们学校，连男生也不怎么敢做，她居然挑头儿冲锋陷阵，真是一个另类的学生。我这才意识到自己的疏忽，甚至有些失职。

双方班主任处理结束后，我找到了她们七年级的几个人。我的意识中，这件事一定事出有因。我想：刚上初中就敢这样，那以后可怎么得了？得镇住他们。于是，我们开始了第一次交锋。那一次处理的详细过程我记不清楚了，只记得把自己的菩萨心肠、霹雳手段和如来智慧都用上了，晓之以理动之以情，费了一番周折，让她们感受到了自己行为的鲁莽和不理智。好在她们对我的处理比较认同，都不同程度地承认了自己的错误。

受此教训之后，我一直很关注文静。后来，打群架的事倒没有听说过，但是违纪的事儿常有耳闻，让班主任颇伤脑筋。我觉得事情并不严重，也就没有直接过问。倒是我们在课下交流得越来越多，私交甚好。她常常跑来和我说一些天南海北的事儿，也偶尔跑到我家蹭饭，我也常常叫她帮我做一些杂务，顺便见缝插针地敲打她，以防她再犯事儿。对于在生活、学习中遇到的纠结事儿，她很是愿意和我聊，要我帮她出主意，她也能听进我的意见。在为人处世方面，她还有着独到的见解，有时让我眼前一亮。渐渐地，我觉得这种"另类"倒有几分可爱之处，期待她越来越明理上进。

发生了冲撞

2013年11月，文静的班主任去参加培训，班主任工作由我临时代理。那是一个周二，我计划开一个主题班会。最初的主题是"我有一个梦想"，但是到了中午，班长跑来对我说，同学们觉得这个话题太老套。我想了想也有同感，于是趁下课的间隙，和班干部们一起商定，把班会主题改为"我的成长我做主"。

之后，同学们都开始积极准备，没想到文静听后叫道："都准备好了，又改！"我看她如此叛逆和不顾大局，随即语气较重地说了几句："你们想怎么干就怎么干？我们开始定的主题为'我有一个梦想'，你们说老套了；现在把主题改为'我的成长我做主'，你们又说前面的写好了！"这句话其实是针对全班同学说的，因为我知道有几个想偷懒的学生什么都不想写，不过是有了文静"代言"而已。迫于我的威力，班上便悄无声息，最后就以"我的成长我做主"为班会主题开展活动。

主题班会由唐××和霍××主持，同学们发言比较踊跃，气氛也不错。

这节课我没有叫文静上台发言，担心她反感更改后的主题，叫到她万一她一言不发，我们双方都难堪。

后来，再遇见我她便熟视无睹、面无表情，好似两年前我们见面时的情形。我猜想：大概是那天我在教室发火造成的吧，等以后有机会和她沟通一下。

又过了一两天，我把她喊来问缘由，她不语。于是，我便按照自己的思路，发自肺腑地说了一大通，她仍然无语。临走时她说了一句："我一直以为你和别的老师不一样，哪知道你们都是一样的！"

听了这句话，我很受震动。我思考良久，也没有找到我和别的老师哪里一样，又哪里不一样。也许，她是憋着气，心眼儿小，有些问题想不通吧。毕竟她年纪轻，看问题容易钻牛角尖，想不全面也是正常的，慢慢就好了。

于是，我就不再琢磨她的那句话了。

后来，我没有再关注这件事了。

再后来，今年开学时她没来报到。和同学打听后才知道，她已去了外地打工。此时，我感到更加震惊，很不理解。我托和她要好的同学劝她回来读书，无果。于是我给她打了电话，劝她回来读书，终是徒劳……

我被上了一课

一天下午，我正在忙活。"潘老师！"一声清脆而熟悉的招呼，"我想您了！"抬头间，见文静高兴地走了进来。

我很惊讶，不是气潘老师气得要命吗，怎么还来看我？说话间，文静拿出一个盒子："潘老师，这是我送您的礼物。虽然它不值多少钱，但是代表了我的心意。"

打开看，是一块手表。我愣在了那里……

我不由自主地想到了之前那件发火的事情。"你以前都不理潘老师啦，是不是因为我对你发火，生气啦？"我问道。

"那倒不是，"她说，"其实您发火，我倒不生气。"我陷入了沉思，面对老师发火不生气的孩子几乎是没有的，就算她做错了，老师发火了，她也会耿耿于怀的。这是一个孩子正常的心理，难道她就那么想得开？

我很疑惑，示意她继续说下去。

"但是,您那天叫上台发言的基本上都是些成绩好的学生,并且我注意观察了,您给他们拍照时笑意盎然,眼里根本就没有我们这些成绩差的学生。其实,您早晨布置的'我有一个梦想'的主题,我中午没有休息,把它写好了。当您午自习说更换主题的时候,我很吃惊——白忙活啦!即使这样,我还是按您的要求,重新写了一篇。班会课时,您只顾着那些成绩好的学生,对我从没正眼看一下。我盼望着走上讲台,但是自始至终都没有机会。原来我很敬重您,认为您对所有的学生都一视同仁,但是我错了,您的眼里都只有成绩好的学生!"

原来是这样,这是我万万没有想到的原因。这是一个学生的心里话,更是一个"小老师"的话。我很震惊,我被实实在在地上了一课。

我的心里只有一个感觉,孩子的心是细腻的,细腻得让我难以发现。

沉默良久后,我尴尬而无力地笑着说:"其实,我原认为,按照你的勇气,你应该是可以主动站起来发言的……"

晚上,我默默地坐在办公室,一遍遍回想着那句话:我一直认为您对所有的学生都一视同仁,但是我错了,您的眼里都只有成绩好的学生!心里翻江倒海、五味杂陈。我们无数次地说要平等对待学生,要给每一个学生展示自己的舞台。可是,我们在潜意识里,在不经意的言行上,忽略了眼中的那些后进生。其实,他们只是成绩差点或者个性强些而已,他们更需要一个展示和分享的机会,更需要我们一个鼓励和信任的眼神,更期望我们平等地对待他们。

无数次的学生会上,无数次的教师会上,我都信心满满地说过"要平等对待学生",也曾对自己的做法感觉良好。今天,我的这个有点另类且已辍学的"差生",用她的经历和感受给了我不曾有过的震撼,给我上了一节深刻的反思课。我忽然明白,我们与学生的对话,在教学实践中还远远不够。

平等地对待学生，来不得半点疏忽。否则，伤害的不仅仅是学生。也许一句鼓励、一个手势，就能让他们在充满艰险的道路上，迈出很关键的一小步。如果说后进生的前方是一个大坎儿的话，那么老师的平等对待，就能增加他们的信心和勇气，降低学生蹚坎儿的难度。平等对待，才能让每一个学生都奔跑在不愿服输、更不愿放弃的赛道上。

文静在返回江苏的路上，给我发来短信："潘老师，可能我再也没有机会看到您因为我说的话而改变的那一刻了！但我知道，潘老师会改变的！"

感谢这个另类的学生，让我意识到自己的不足。我回复道："就让你送的手表一刻不停地注视我的改变吧，谢谢！"

一个真正的教师，要平等地对待所有的学生，无论是聪明的还是愚笨的、乖巧的还是顽劣的，要让老师的爱像阳光一样均匀地照耀在每一个学生身上。我在心里默念：我要改变，为学生，也为自己。

成长是我们唯一的目的,幸福是我们不变的宗旨。新教育认为,行动就有收获,坚持就有奇迹。一个教师,无论多么平凡,只要不停地在实践中发现自己和超越自己,就一定能破茧成蝶,在教育的百花园里,翩翩起舞,享受幸福完整的教育生活。

「第四辑」

破茧成蝶

◎ 任秀波

不负此生最美的遇见

十几年前当我第一次捧起《爱心与教育》的时候，读得如醉如痴，却无法想象，此生还会遇见该书的作者——李镇西老师。

仰慕李老师，是从读他的书开始。中师毕业，从一个校门踏入另一个校门，身份一下子从学生变成老师。怎么做老师？我理所当然用记忆中我小学老师的方法去教育我的学生。我每天面对很多问题，脑子里时刻都是哪个学生又惹祸了，哪个学生又没写作业，搞得自己疲惫不堪。如果不是从小就立志这辈子只做老师，估计我早就放弃当老师了。

不能这样当老师了！不能继续这样困顿！为了改变，我强迫自己从阅读小说转而阅读教育论著，看看名家怎样当老师。我最初阅读的就是苏霍姆林斯基的《给教师的100条建议》，读完后深有感触——原来老师是可以这样做的，原来教育的天地可以这样广阔，原来师生之间可以这样温情而美好……带着激动的心情，读完《给教师的100条建议》后，我写下100份感悟，也给自己找到了努力的方向。

我痴迷的阅读得到了校领导的关注，恰逢学校购进一批"最适合老师阅读"的书籍，第一时间发给了我，这其中就有李老师的《爱心与教育》。阅读中，我又找到了当年读《给教师的100条建议》时的感觉。苏霍姆林斯基的书于我有不同国度、不同年代的距离感。李老师的书，让我看到了苏霍姆林斯基的中国版，找到了我所向往的那条做好老师的路。于是一发不可收拾，我又相继阅读了《做最好的老师》《做最好的家长》《给教师的36条建议》《幸福比优秀更重要》……书中的故事常常让我泪流满面！

后来读书已经不能满足我的好奇，我开始上网搜索李老师的视频讲座，那些生动的案例，那些深入人心的育人理念，都让困惑中的我渐渐找到答案。不知不觉，我沿着李老师的足迹寻找属于我的教育行走方式。

不得不信，"念念不忘，必有回响"。2013年，在吉林教育社区博客，巧遇李素怀老师，有幸加入当时的李镇西研究会。那时对研究会一无所知，就是冲着早已"熟悉"的李老师去的。记得第一次参加年会的时候，可谓奋勇出行，从通化到庆阳，坐着一路辗转40多个小时的火车，毫无疲惫感，这是梦想的巨大力量牵引着我。我曾跟同行的素儿（吉林的李素怀老师）和皇叔（广东的黄建军老师）先后说："我此行最大的心愿，就是能见到李老师！"作为一个隔空追随多年的铁粉，确实觉得如此足矣。皇叔和素儿给我的回答惊人的一致："来这里，你会收获更多！"果然，庆阳一行，我不仅圆梦见到了李老师，还认识了蒋老师及研究会里众多优秀的老师们。后来从庆阳到新泰再到中山，一路追随走来，我自己也越来越确定，是的，我的收获超乎想象！

2015年，经过层层考核，我获评"李镇西式好老师"（后更名为"爱心杯"优秀班主任）。这个称号在我看来至高无上，也令我诚惶诚恐。什么才是"李镇西式好教师"？我想，唯有去好好践行李镇西老师的"五个一"，不懈地培养自己。

从此，我上课的时候，特意前后门大开，随时欢迎别人到我的课堂来听课。这不是因为我多么自信，而是我对自己的一种"绑架式"督促。这种督促，让我在备课时更用心，让我在上课后及时反思。每一个学期，我写的反思笔记都积累了厚厚的一本，在书写的时候，我重新审视上过的每一节课，也对即将开始的下一节课做好准备……也许就是在无数个这样的循环往复中，我找到了课堂的快乐！也正是在这样的循环往复中，我的课堂教学得到了肯定：市级优质课、省级优秀课、国家级精品课……这些荣誉见证了我的努力和成长。

我会跟同学们保持每天沟通，不仅仅是谈心。有的小孩子对于"到老师办公室来"充满恐惧，我就让他们每天在作业本上写一句最想对我说的话，我再一一回复。有的时候还真的能够发现一些意想不到的小苗头，及时处理一些小问题。作业本上的悄悄话最走心、最亲切，给了孩子们一份信任，也让他们有了一个情绪的出口。另外，我发现笔谈的妙处，即使是让人生气的"大事"，在不面对"当事人"的情况下，我也可以心平气和地酝酿要说的话，拿起笔耐心地"交谈"。当学生悄悄跟我说"我爸爸妈妈冷战了，你帮我想个办法吧！""我跟你讲一件事，你看我是不是早恋了……"我的心里都无比感动——我是孩子们信赖的好朋友！

我会每天坚持阅读。作为语文老师和班主任，我有优势把同学们都带到我的阅读中来。每天阅读一万字，孩子们最初吓了一跳——这对于他们来说的确是很大的一个数字。于是我拿来一本他们喜欢读的动物小说，一起数字数，结果同学们惊讶地发现，一万字不过就是十几页而已。此后，他们不怕阅读了，我们还举行阅读竞赛，每个学期我们的阅读量都是以数百万字计数。阅读，让我和学生都受益匪浅。

我会用心记录班主任日志，写我和同学们的故事。每过一段时间，我都会给他们读一读我当时的记录。回望过去，他们突然发现曾经那么不可原谅的事情，原来就是小事一桩；当时怎么也钻不出"牛角尖"的样子，现在看起来简直傻得可笑……我们在故事里学会"回头看"，学会反思，学会包容。我们也在故事里丰盈、成长！时间长了竟然有意外收获，我发现，同学们的作文也越来越精彩了!

我会每天带着思考、研究的态度面对每天发生的一些小事。我忽然发现自己不那么焦躁了,问题变得有滋有味儿。甚至每天没有什么事情发生,倒觉得少了些东西……

我还会在班上举行各种系列活动,让活动丰富我们枯燥的校园生活。看起来像是在玩儿,我和学生乐此不疲。

2016年中山年会,我有20分钟的展示时间。我把坚持做了几年的"剪纸与吉祥文化"的系列活动整理出来进行展示。这不仅仅是一个学习剪纸技术的课程,我在设计活动时,是希望用这样一个创造美的活动,让学生有除了书本以外的更丰富的体验。事实上,活动实践了几年,收获已经远远超出我的预期,在这其中学生不仅练就了一项特长,还锻炼了耐性,提高了审美,甚至为了创作而主动阅读、记录……年会分享结束后,李老师高兴地说:"这个太好了!这就是新教育的'卓越课程'啊,你要做下去!"李老师的肯定,对于我而言真的是莫大的鼓励。

年会归来,为了把班本课程做得更专业,我报名参加"新教育网师",专门学习了"班本课程开发与实践"。我一边学习,一边应用,先后在班级开发了"剪纸与吉祥文化课程""字理思维导图课程""低年级读写绘课程""石头画课程"等,让学生在丰富的活动中走进知识,也走进生活。在学习和实践中,我也与许多惊喜不期而遇:我的6000多字的"剪纸与吉祥文化课程"总结——《小剪纸大教育》得以发表在《新课程评论》;"低年级读写绘课程"获得通化市校本课程一等奖;"字理识字课程"中的《软泥篆字》和"石头画课程"的《童心绘师》先后发表在《中国教师报》上。更惊喜的是,在我做了几年"字理识字课程"研究后,2017年吉林省教科院科研课题申报时,由于提前做的工作充分,得以顺利开题。我继续研究三年后,此课题已于2020年6月顺利结题。

几年来，我先后被评为第四届"爱心杯"优秀班主任、教育部关心下一代工作委员会首届中国好老师、吉林省语文骨干教师、吉林省德育先进个人、吉林省科研工作先进个人、吉林省骨干科研主任；此外，我参加吉林省第二届中小学班主任基本功大赛，荣获一等奖；我致力于阅读推广并开展新教育"卓越课程研究"，其"班本课程"获通化市一等奖；我还在《中国教育报》《中国教师报》《德育报》《小学语文》《新班主任》等报刊上发表多篇文章，多次应邀在吉林、山东、广东、新疆、河南等地做讲座、上公开课。

一路走来，我在不断学习、成长与收获中心怀感激。生活如此厚待我，让我遇见李老师，遇见爱研会众多优秀的老师。经常读他们的文章，听他们的分享，找到最初的自己，找到前行的方向。

此生有幸，诸多际遇让我的生活惊喜不断，唯有让自己做得更好，方不负这一场美丽的相遇！

◎ 侯立元

教育的生命力在于教师的成长

华东师范大学终身教授叶澜先生说："教师应是不断追求自己生命的发展和完善的人，在帮助别人完善的同时，不断发展和完善自己。"而教师的发展与完善除自身的努力外，离不开他人的指导与帮助。李镇西老师就是我成长道路上给予我帮助的一位重要的人。真的无法回忆起李镇西什么时候进入我的视野的，然而自从他进入我的视野后就从未消失过，他犹如一盏明灯，一直指引着我、激励着我。

在追随中，寻找前行的力量

"你怎么把语文课上成了自然课"，教研员的话对当时的我无异于当头一棒，这"一棒"敲走了我的傲慢与无知。我不再因研究生学历而沾沾自喜，不再因来自名校而暗自得意。我开始静下心来分析自己的优势与不足，开始关注自己的课堂。然而对于接下来的教育之路如何走，我始终没有找到正确的方向。

无意中，我阅读了李老师的著作《爱心与教育》，我被里面一个个动人的教育故事所感动，被一个个富有教育智慧的做法所吸引。在那一刻，我仿佛找到了前进的动力与努力的方向——努力做一名像李老师一样深爱学生、促进学生身心健康发展的优秀教师。

2012年7月，我在网上无意中看到了蒋自立老师成立的"李镇西教育思想研究会"，我按捺不住内心的激动与喜悦，加入了这一研究会，并有幸成为李镇西教育思想研究会上海室的室长，与来自全国各地的教育同人一起研讨、互相激励、共同成长。得知2013年暑假第二届"中国李镇西式好教师"活动将在湖北仙桃举办，届时将能聆听到李老师、蒋老师的报告时，我激动不已。成长是自己的事，经过激烈的思想斗争，最终我还是准备参评，不为别的，只为能够成长。怀揣着这份梦想与期待，我自费踏上了开往湖北的列车。

在湖北仙桃市仙源学校，我有幸获得了第二届"中国李镇西式好教师"荣誉称号，然而我并没有勇气说自己是"李镇西式好教师"，因为李老师在教育岗位上，几十年如一日，用自己博大的教育情怀，不断地实践、不断地创新，带领着学生健康成长，形成了自己的教育特色，而自己尚处于教育实践探索阶段。我将这一荣誉更多的看成是一种激励、一种鞭策，一种走向李老师的方式。我将参会的经历和聆听李老师的报告的感悟写在博客上，没有想到的是，李老师竟然在下面留言："我坚信，你一定能够把自己培养成优秀教师！"那一刻，一股暖流流遍了我的全身。

在践行中，享受成长的快乐

在《爱心与教育》一书中，李老师写道："可以说，苏霍姆林斯基的思想，是在我教育生涯的早晨投下的第一缕金色的霞光。"在教育之路上，李老师找到了自己教育人生的导师，追随着导师的脚步一步一步前行，并将其思想巧妙地融入中国的教育之中，形成了自己的教育管理特色。而我，也将慢慢地走进李老师，汲取营养，思索教育实践，并书写教育历程。

我相继阅读了李老师的《追随苏霍姆林斯基》《做最好的老师》《听李镇西老师讲课》《做最好的班主任》等书籍。如今，李老师的微信公众号"镇西茶馆"，也成了我的必读"书目"。一本本书、一个个生动形象的事例引起了我的阅读兴趣，而这些事例中又有教育之思、教育之行给了我一定的借鉴。"一个人的阅读史就是他的精神发育史。"李老师的书，为我打开了阅读之门，我又相继走进了苏霍姆林斯基、钱梦龙、于漪、吴非等一位位教育家的世界，丰盈着自己的精神世界。

在教育实践中，我有意识地学习李老师的方法，从班规的制定，到激励学生的方法，我都进行着尝试。当然，这种尝试不是一种毫无鉴别的模仿，而是根据我班学生实际情况进行的尝试。比如，李老师采用的报喜单。报喜单最大的优点就是提醒教师善于发现每个孩子身上的闪光点，并放大他（她）的闪光点，从而促进学生的健康成长。受李老师的启发，我在班级启用了报喜单激励方式。在报喜的过程中，我对报喜内容、报喜群体、报喜方式、报喜场地、报喜小礼品等多个方面进行了思考，实践下来非常有效果。它在激励学生的同时，也促使我去思考如何更好地关注每一个孩子。后来，我在报喜单的下面加入了"家长留言"一栏，目的有三，第一，以此了解家长对这一方式的看法；第二，借此让家长更好地关注孩子，真正地关心孩子；第三，家长的话本身也是对孩子的一种鼓励。看着学生们拿到报喜单时那兴奋的心情，看着家长一句句真诚的话语，我坚定了继续探索多种教育路径、更好地促进学生的身心健康发展的信念。

在教育教学的日子里，我也坚持着记录：自己在班级管理的过程中遇到了哪些问题，自己是如何解决的；在课堂上发生了哪些突发事件，自己是如何应对的……我将这些原封不动地记录下来。记着记着,我发现自己的思维敏捷了,思考问题系统了,教育方法也增多了。如今,140多万字的教育随笔,成了我教育路上的宝贵财富;在《中国教师报》《上海教育》《东方教育时报》等报纸杂志发表的文章,成了我成长的重要见证。我相继成为上海市"双名工程"成员,嘉定区"骨干教师""十佳班主任""十佳青年教师""科研先进个人"等。

在收获中,引领团队的发展

"我所谓的'做最好的自己',强调的是自己和自己比——今天的自己和昨天的自己比,不断地超越自己。这里的'自己',不是抽象的人,而是具体的张三李四;而具体的张三李四都是有具体职业的,因此,'做最好的自己'便意味着尽可能在自己的职业中达到自己力所能及的最好程度。"李老师的话时刻提醒着我努力"做最好的自己"。多年来,我不断地践行着"五个一",努力做到"四个不停",先后成为"十佳班主任""十佳青年教师""教育科研工作先进个人"以及"园丁奖"获得者。从一名普通的教师一步步成长为学校骨干、区骨干,从一名普通的班主任成长为德育主任、副校长,我在真切地感受到自身成长的同时,也特别渴望将所学更好地辐射他人,带动更多的教师为学校的发展贡献绵薄之力。我陆续在上海、江苏、湖北、浙江、河南等地做交流,文章分别发表于《中国教师报》《上海教育》《新班主任》等报纸杂志。

成为学校"种子教师工作坊"组长。作为嘉定区第一届"种子教师"培养对象的两年间我勤奋上进,取得了优异成绩,带领团队所写的调查报告被评为上海市二等奖,本人被上海市区教科院普教所评为"优秀学员"。学校成立了以我为组长的学校种子教师工作坊,借鉴区种子教师工作坊的经验,来进一步促进学校教师的专业发展。我深知责任重大,不敢有丝毫怠慢,带领大家通过专家引领、专业阅读、一课三磨、茶话会、博客书写、QQ交流等多种方式,提升自身的专业素养。如今工作坊已经成为学校教师成长的重要平台,并被评为"嘉定新城学习型团队",工作坊的许多教师如今已经相继走上备课组长、教研组长、年级组长等骨干岗位。

作为嘉定新城青年教师成长营主持人。嘉定新城一直以来注重青年教师的培养,并为青年教师提供了成长的平台。2017年提出了"青年教师成长营"项目,我有幸成为"爱·智·行"工作坊的主持人。我借鉴上海市名师工作室培养班主任的方式,学习嘉定区种子教师工作坊的培养路径,并结合所带团队的教师特点,要求全体成员做到李老师倡导的"四个不停",不断提升自身的专业素养和人文素养。

作为学校副校长。自担任学校德育主任以来,我注重班主任、青年教师的培养,改革班主任工作例会形式,注重班主任方式方法的指导,并成功开设德育论坛、班干部小论坛,为班主任提供展示的平台。支持学校班主任抓住进入更高级别的培训学习的机会,其中四位班主任成功成为嘉定区第一届班主任工作坊成员。此外,我注重嘉定区幸福课程的校本化实施,带领德育团队进行德育微课程开发,以现代信息化技术制作完成了行为养成微视频,制作了《伤心的纸人》《闪闪的红心》《做"慧"用手机好少年》《晨间:琅琅书声伴我成长》等视频,有效地促进学生良好行为习惯的养成。2020年,我有幸竞聘为一所初级中学的副校长,带领着德育团队,与全体同人一起探索德育路径,更好地促进学生的健康成长,促进学校的可持续发展。

教育是爱的事业,教师是爱的使者。回顾自己的成长之路,感谢李镇西老师,感谢与"爱心与教育研究会"的美丽邂逅。

◎ 黄建军

是铁"西粉",亦是痴"爱人"

2020年,对我来说,最闹心的一件事就是连续九年的爱研会年会因为新冠疫情暴发,无法如期举行。所以当李镇西老师通知2021年1月8日将在昆明举行第九届年会的时候,我十分惊喜。

昆明丑小鸭中学的网红校长詹大年,精心组织、不负众望,使年会举行得非常成功,反响特别好。对我来说,在本次年会上接受詹会长颁发的常务副会长聘书是最有意义的事情。李老师语重心长地嘱托:"好好干,这可是'国家级'的职位!"我特别骄傲,我将在这个追随了九年的共同体,继续做一个痴心不改的志愿者。

闯入"桃花源"

其实,我是在工作十年之后才读到李老师的著作,但是这一读就被深深折服。他与学生的心灵交流和一个个感人肺腑的班级故事打动了我,特别是他对教育的那种热爱痴迷、那种享受教育的生命状态感染了我。我幡然醒悟:做教师可以如此快乐,教育需要我付出智慧,教育能让我有价值。李老师关于教育本质的思考，关于素质教育的探索，让我明白教育不仅有高深的理论，而且需要实践。读《做最好的教师》一书，印象最深的是李老师以研究的心态面对工作。因为有了这种心态，我那一年愉快地接手了一个平行班，遇到任何问题都不焦急，学生不听话也能接受。我把所有的故事在博客中记录下来，在两年里为班级写了 100 多篇班主任手记，而这个五班也成为我一辈子的骄傲。所以，虽然我没有见过李老师，但是内心一直敬仰他、以他为师、学他的以教为乐。

  2013 年初的一天，我像往常一样浏览李老师的新浪博客，偶然发现"李镇西研究会"的链接，于是关注这个博客，接着加入 QQ 群。我好像闯进了一片教育的桃花源，在"李镇西教育思想研究所"这个自主研修共同体，我找到了一群乐于教育的草根教师，大家因爱读李老师的书相会，因教育梦想相聚，都在朝完整幸福的教育生活前进。我参加讨论、写话题博文、浏览会员博客、积极互动，为的就是品味教育教学的乐趣，为的就是有一群志同道合的同路人。所以，当得知同年 7 月在湖北开年会，我就毫不犹豫报名参加了。

  那年暑假，我终于在湖北仙桃见到了仰慕已久的李老师，还聆听了他的一场讲座——自己培养自己。不虚此行的是，我不仅见到了李老师，还见到来自全国各地平日网上交流的兄弟姐妹。两天半的会议，行程满满，可是却丝毫不觉得疲惫，只有感动和快乐。老师们分享着自己真实的故事，每一位老师都了不起。这场自费参加、不计学分的会议，无人早退或者急着离会。甚至到了晚上，大家也迟迟舍不得睡，或在操场围坐畅叙，或在宿舍热聊。

  这些来自全国各地的热爱教育、有志成长的热血教师，聚在一起真有点"青梅煮酒论教育"的味道。他们虽然在各自学校遭遇诸多困难，还要面对各种质疑，但是因为对教育的痴爱，这一群理想主义者尽情地挥洒智慧，构建理想教室，营造着一方方小小的教育美景。他们还在不断地学习，在学习和交流中提升自己。我对他们毫不掩饰佩服之情，不是因为他们的功成名就，而是他们的专业追求和事业精神。在这里，我感受到了教育的魅力和希望。

深入桃花源，浸染桃花香。我回家后马不停蹄地抒发自己的感想，构思起研究会的推文与宣传。很快，我被"委以重任"——打理研究会官方博客。我立马着手物色人员、组建博客部、推荐优秀博文，逐渐成为团队骨干。因为和团队一起深度行走，我的教育生活变得更有滋味：读了更多的书、写了更多的博文、结识了更多的朋友，也特别珍惜和孩子们一起度过的每一天。

喜戴"紧箍咒"

仙桃年会，我见证了小伙伴的"荣光"——被评为"中国李镇西式好教师"。我因为负责博客部，也很快融入团队，并有了不小的知名度。研究会的伙伴都预料我应该在接下来 2014 年的甘肃年会参评。

可是，并没有，因为我有如下考虑。第一，"中国李镇西式好教师"这个名头对我来说太高大上了，一是"中国"范围，我觉得既有点虚，也有点浮夸；另外，"李镇西式"，我更是没有这个胆量，不说别的，李老师的"五个一"就没有落实啊。因此，我觉得自己无论如何也配不上这个称号。第二、第二届年会时，有 30 人上台展示。当然，其中不乏优秀成员，比如张学勇、杨宏杰、张雁、张波、戴荔、侯立元、王立杰等。虽然敢于站上讲台挑战自己值得嘉奖，但我还是认为这样评选有随意性，显得这个称号的含金量不足。第三，本人生性寡淡，从不热衷外在荣誉和名利。看到有些人入会并不真诚，只是为了追名逐利而来，不想与之为伍。我走进研究会，是因为有一群志同道合的同伴，纯粹为了成长。我用心做好博客部的事务，完全是心甘情愿，并没有想以此积累资历，换取评选筹码之类的考虑。而且我还认为，没有必要每一个骨干成员都是"中国李镇西式好教师"，研究会应该倡导志愿精神，并非做一点事情就需要回报。所以，2014年，我没有参评，快快乐乐、轻轻松松地到庆阳参会。

2015年，山东新泰第四届年会，我却参评了。那年3月，在时任会长杨富志的怂恿下，我在呱呱社区做了"不做可有可无的人"的主题讲座，大家纷纷给我点赞，讲座是参评的必需步骤。对于我不想参评的理由，杨富志说："参评是对团队的认可，是和大家一起继续行走的态度，称号本身并不是最终目的，毕竟这不是官方荣誉。"他一说团队和伙伴，我就不得不认真考虑他的建议，因为我非常在乎团队，更愿意与这群人一起走下去。

对于先前的几个不参评的理由，怎么给自己一个交代呢？这不是出尔反尔，做人没原则吗？

我是这么想明白的。是的，我依然配不上"中国李镇西式好教师"这样的荣誉称号。如同我清楚拿到了"高级教师"职称并不等于我真的"高级"了，我也知道获得"中国李镇西式好教师"不是证明我有多优秀。我没有把这一民间荣誉视为闪耀的桂冠，而是把这自己申请的称号当成杨富志所说的"紧箍咒"——时时刻刻都记得用心做一个"自己培养自己、坚守常识、坚持朴素、幸福比优秀重要"的老师，懂得并寻求教师职业的内在尊严与幸福。跟官方荣誉评选不同的是，研究会要继续跟进考评。我的参评是我的态度，更是我的选择。参评不是我有多优秀，而是我想和大家一起走向优秀。

还有一个原因，是随着我近距离对李老师的深入了解，越来越不担心这样做会被指责为不成熟或幼稚。研究会并不像某些不了解的人所说的

"搞个人崇拜""造神""拉帮结派",这些也是李老师不认可的。对于各种质疑与非议,我可以理解,但是"旁观者迷,当局者清"。在我们研究会,大家都是李老师的"粉丝",但是我们绝不是"脑残粉"。我们不搞人身依附,也没把李老师当教主膜拜。我们迷恋的是李老师的人格魅力,迷恋他的成长方式,迷恋他的教育实践和对教育的思考。一群有梦想的教师,以镇西为名而聚集一起,有何不可呢?李老师不止一次跟我说:"我不希望看到一群没有自我的教师,我支持鼓励研究会并不是因为大家对我个人的崇拜,而是赞赏团队的运行活力,感动于一线教师的成长渴求。"

所以,我最终大大方方地参评,从李老师手里接过"李镇西式好教师"的荣誉证书,还接受了副会长的聘书。李老师在听了我的分享后即兴点评,他也是从这个时候才开始真正地认识我、了解我,从此我才有幸得到他更多的当面指导。

2016年,李老师提出将研究会名字和"中国李镇西式好教师"称号都改了,我认为应该尊重,也理解他担心被架上神坛的忧虑。我们相聚的原因是因为读李镇西、学李镇西,从"西粉"(李镇西的粉丝)到"爱人"(爱研会人员),改变的是称谓,不变的是情怀。此后,爱心与教育研究会的评选方式日臻完善,2017年"爱心杯"优秀班主任称号评选成功,我们也把此前所有获得称号的证书都更换完毕。

踏上"阳光道"

因为内心的纯粹,获得"爱心杯"优秀班主任称号,担任副会长,我没有名利的负担,反而更有压力,时常提醒自己要继续学习,要为共同体尽一份责任。在我的努力下,2016年在中山举办的第五届年会相当圆满。这些年,每年都见到李老师和全国各地的会员朋友,特别庆幸当年闯入了这片教育的桃花源。

回首这十年，研究会持续运行，年会没有中断，对于一个民间共同体已然算一个了不起的奇迹。据我了解，类似的民间团队很多都销声匿迹了。为什么我们的研究会从2012年开始至今还存在着，我想它的生命力就在于每一位成员渴望成长且在持续成长，包括我自己。

通过这些年的行走与探索，我们研究会一批又一批班主任更新了班级工作的观念，进入更高的工作视域，还有几位形成自己工作特色的班主任在全国范围内崭露头角，让我们大家甚至他本人都感到惊讶，这是我们研究会为中国的教育贡献的一滴小小的雨露。我相信，只要我们足够自信，足够坚定，小雨露会汇聚成小溪流，也就可以滋润更广阔的生命。而这，就是研究会存在的价值，也是我坚定追随这个成长共同体的原因。

在研究会，我们的追求只有内在成长，平台就在这里，向每一位愿意成长的人打开，就在于你自己愿不愿意主动出击。不要埋怨别人没有给你机会，也不要抱怨自己做了什么而没有人注意，不要恐惧没有人鼓励你，也不要迷失在一片点赞声中。我们不谈奉献，只需自愿；不要观望，只要行动。总而言之，当你有所疑虑的时候，想想当初加入进来的初衷是什么。只为成长，这就是我们的信仰，有了这份信仰才有希望。

你来了，我们继续一起走；你没来，欣喜你成长的心与大家依然在一起。是的，我认为一个团队的稳步行走，不在于千军万马的轰轰烈烈，而在于守望相助的踏踏实实；不求天长地久的一潭死水，愿似奔流不息的一泓活泉。我们选择一起行走，我们用真诚换真诚，以深情赢深情，一起走过一段激情燃烧的岁月。

我深信，教育再复杂，教师做最好的自己是最关键的。我决定继续随着同为"西粉"和"爱人"的伙伴们，一起踏上这条教育的阳光大道，做成长与生命同在的幸福教师。

◎ 黄薇

找到了生命中的红杉林

我既无重点院校的文凭，也无核心期刊上的论文；既无重量级大赛课的奖项，也无诸多值得骄傲的荣誉；既不在名校任教，也不是什么名师。我只是一个货真价实的草根，一个20世纪80年代中期的中师生。不过，我却有一段折腾的从教经历。

最初十年，我在乡村学校度过了我从教以来最快乐的一段时光。后来我又到县小、县中，好不容易在事业上小有成绩又辞职到乌鲁木齐市考编，谁知亲历了才知道"考编之难，难于上青天"；但此时已无退路，以前衣食无忧的我成了无居所、无户口、无工作的"三无"人员，只好当起了代课老师。屋漏偏逢连夜雨，这时我又被诊断为甲状腺肿瘤，五天之内我的体重降了10斤，好在有惊无险，后被确诊为甲状腺炎的重度表现。几经折腾后重新入编，职称、工资都降级了，加之身处城乡接合部，生源和以前学校不能相比，巨大的心理落差让我觉得缺乏成就感，找不到存在感。

记得有一次碰到以前的同事，她说："你考到乌鲁木齐市，我们都很羡慕。"我说："你不知道，我是表面风光，内心彷徨；容颜未老，心已沧桑；成就难现，郁闷经常。"虽然有些夸张，但却不失真实。

多年来长期的忙碌、超负荷的运转、自学考试的折磨、应试的压力，使我身心疲惫。我感觉自己棱角被磨平了，理想渺茫了，情感麻木了，才气闭塞了，思想荒芜了。

那段时间我不愿意思考、研究，更谈不上有创造力。因为学生基础薄弱，备课也不需要下多大的功夫，稍有闲暇，不是拿出手机刷朋友圈，就是上淘宝网，以此放松心情、缓解压力。当时我的状态可谓"已是满心疲惫，正在坚持与放弃间挣扎……""已是伤痕累累，正在前行与退缩中徘徊……"就在这时，我遇到了一个人和他的一本书。

记得当时李镇西老师在乌鲁木齐八一中学做报告，台下的我全身心投入李老师精彩的讲座里，不断地擦拭着激动的泪水，感受到李老师内心火一般的教育激情和他对教育的一往情深。回家后，很长一段时间李老师的故事仍然冲击着我的心，让我久久不能平静。他的《爱心与教育》我看了一遍又一遍，每次读都会让我产生强烈的共鸣，每次读都会让我禁不住泪水涟涟。回头反思我自己，言教而不身教，整天抱怨学生基础差，自己不思考、不研究、不行动，还幻想着改变他人，简直无异于痴人说梦。后来我买来了大量李老师的书，学习李老师把每个学生当作研究对象，为学生建立成长跟踪档案，撰写教育叙事，每天找学生谈心并做记录，还专门买了一部佳能相机拍下学生们的精彩瞬间。就这样，一年下来，我写了几万字的学生成长故事，拍了几千张照片。因为学着李老师，我逐渐走进了学生的心灵，短短一年时间，一个全校有名的差班不仅在中考时取得了意想不到的成绩，我和学生们还结下了非常深厚的情谊。

记得那一年正赶上我们区教育局举办教育叙事大赛，我把以前写的内容修改后上交，没想到竟一口气拿了十几个奖。这件事在学校引起了小小的轰动，校长还在全校的大会上特意表扬了我。那一年，我被评为区级和校级"学生心目中最喜爱的老师"。记得有一个家长问我："您到底是施展了什么魔法,让我家孩子成功戒烟并爱上了学习?"我说:"您买一本李镇西老师的《爱心与教育》吧,答案都在里面。"我知道这些荣誉都要归功于李老师。

学习李老师的日子里,我感觉班主任工作越干越有滋味。

当我的高级职称评上时,当昔日的同学已经陆续提前退休时,当身边的同龄人谈论着保健养生和跳广场舞时,当我自己也做着退休前的旅游规划时,我却被一句话和一场讲座敲醒了。

吉林蛟河的乡村教师张秀梅加入爱研会后有一种相见恨晚的感觉。她说:"我发现,多年的懒惰,让我已经孤陋寡闻到了无知的地步。我不能原谅自己。不甘心就这样白白地老去,不甘心就这样静静地等待退休,不甘心就这样交代了自己的教师生涯。我要革一场自己的命,我要干到60岁!"我被她的最后一句话震惊了,而当时的我却一直在远处观望,一直在犹豫。当我纠结于自己年纪大时,她又鼓励我说:"我们老姐俩一起努力,让'老树'开新花。"

在张老师的鼓励下,2016年8月13日晚上,我第一次进入呱呱社区听刘沛华老师的讲座"4433+成就教师走向优秀",刘沛华老师的8个追问犹如当头棒喝令我彻夜难眠,回顾自己20多年的教学可谓是无知者无畏,岁月流转不仅苍老了我的容颜也让我的心因迷茫而蒙上了灰尘。和爱研会的"家人"们相比,我的教育生命是苍白中透着无知,简单中写满遗憾。

那晚,我悔恨交加,悔的是没有早早加入爱研会和一群满怀教育梦想的人同行,恨的是自己淡忘了初心,不能坚定自己的信念。从那晚起,我不再犹豫,决定跟随爱研会前行。

接下来便是爱研会家人们对我无尽的鼓励与关怀:

忘不了蒋自立老师给我留言:"成长是自己的事,与他人无关,一切都在自己!"

忘不了2016年8月16日,我的博客刚刚建立就被杨会长推荐到QQ群内让大家关注,这让我心存感激。

更忘不了勇哥的鼓励:"走在路上,早晚会遇到盛典!"

读到的是火热的文字,感受到的是滚烫的心;虽然彼此远隔千山万水,但这些火一样的心肠、激情的话语却拭去了蒙在我心灵的灰尘,2016年的盛夏,我的心被火种点燃了。

小时候音乐老师说我声音难听,这在我心里埋下了阴影,为此我一直深感自卑,从而自我封闭。但从第一次被张秀梅老师"绑架"开麦发言,到后来每周六主动发言,到最后在两届年会上做了展示,这是爱研会帮助我打破了几十年来一直裹在我身上的蛋壳。如果没有遇到爱研会,也许这层蛋壳会成为我一生的束缚和羁绊。亲历了这些我才知道,只有积极尝试,才能邂逅机遇;只有充分准备,才能把握机遇;只有积极争取,才能创造机遇。

爱默生说:"一个朝着自己目标永远前进的人,整个世界都给他让路。"从2016年8月至今,我积极参加每周六呱呱社区的研讨会,践行"四个不停",坚持"五个一",撰写对教育教学的思考。这几年是我忘记年龄、忘我工作、激情投入、重新焕发青春活力的几年。我先后在爱研会网络交流群、我区青年教师培训班,以及昌吉州、伊犁新源县、和田洛浦县、乌市的继续教育班承担教育教学专题讲座二十多场,还被评为乌鲁木齐市第四届"骨干教师"、高新区(新市区)"优秀学科带头人"、2018高新区(新市区)党员模范示范岗、爱研会第七届"爱心杯"全国优秀班主任、高新区(新市区)中学语文名师工作室的首席名师……更让我欣喜的是,从2018年到2020年,我主持的工作室连续三年被评为区级"优秀名师工作室"。可能这些成绩对别人来说都不算什么,但是对于我这样一个平时沉默寡言、缺少自信、不愿改变的人来说，无疑是迈出了非常惊人的一步。在爱研会家人的鼓励下，我勇敢地挑战自己的短板，不断做出改变，我做梦也没想到，在我即将退休的时候会实现这样的自我超越。虽然这些都是成长的副产品，但是爱研会让我又找回了教育的初心，让我更加勤勉躬行。

北美红杉之所以成为世界上最高大的树，是因为它们在地下以树根彼此携手，连结为一张巨大而牢固的网，面积可达上千顷。再猛烈的狂风暴雨，也无法掀起整片由树根织牢的土地。

和爱研会其他小伙伴相比，也许我的进步不算特别大，但和自己比，我获得了一些成绩：荣获第七届"爱心杯"全国优秀班主任、乌鲁木齐市骨干教师称号；荣获市级、区级初中语文大赛课一等奖、乌鲁木齐市第四届名师大赛课二等奖；多次在全国"语文报杯"作文大赛和读报大赛中荣获优秀辅导奖。此外，近两年我在多地承担教育教学专题讲座二十余场。

曾经一个人走，走得很慢，很艰难；后来，跟着爱研会走，走得很快，很坚定；如今，领着一群人走，走得很稳，很自信。因为我找到了生命中的"红杉林"，爱研会的教师们就如北美红杉一样，彼此互帮互助，共同前行。加入爱研会，我找到了学习的捷径，让我有了无穷的学习动力。与一群各有所长的同伴共同成长、抵挡风雨，让我找回了属于教育人的初衷和梦想，并从中品尝到了至深的喜悦，成就了不凡的精彩。

我时常对自己说，要寻找教育的真谛，要做"四有"教师，就要追随爱研会不断向前走，要在爱研会这片"红杉林"里站成一棵红杉树，与伙伴们心相连、手相牵，满怀激情重新出发！

◎ 黎辕

踏雪寻春去　归来春满怀

总以为这辈子只会过着手拿课本教参、一根粉笔染白青丝的平淡生活。然而一次岗位竞聘的落选，让我彻底明白：一个人终其一生，不经历风雨，怎能见彩虹？不经历寒冬，怎能迎春风？当我们下定决心走在追寻春天的路上，且歌且行，一路便会留下幸福的脚印。我要踏雪寻春去，我也相信有一天归来春满怀。

踏破铁鞋无觅处　遇见生命贵人来

1998年8月，我师范毕业后被分配到山区小学任教。十几年来辗转在庆城县的乡村小学和初中，只是每天重复着上课、批改作业的事情，久而久之职业倦怠潜滋暗长起来。我一度迷茫，我的一生将如何度过？

2014年，正当我苦苦思索、没有方向的时候，李镇西教育思想研究会第三届年会在甘肃庆阳隆重召开，我有幸参加了本次活动，并见到了仰慕已久的李镇西老师。我还清楚地记得进入会场那一刻，一位50多岁的面带笑容、精力充沛、身背军绿旅行包的男子被人群簇拥着，透过人群我一眼就认出这就是我在书上看到的教育家李镇西老师。李老师早早来到会场，询问会议的准备情况，关心各个参会老师的行程及住宿等。

最早知道李老师的名字是在报道和培训中。他是一位校长，也是一位老师，用自己的教育智慧和学生一同书写了教育神话；他是一位长者，对渴望成长并愿意自我成长的年轻教师悉心指导、一丝不苟。因为我觉得李老师是一个真正的教育家，也是一个有爱心和耐心的好老师，所以便不由自主地买他的书来读。我先后网购和借阅了李老师的《教育是心灵的艺术》《给教师的 36 条建议》《做最好的老师》《做最好的家长》《爱心与教育》《走进心灵》等著作。读完这些书，我更加敬佩李老师，从阅读中我知道了李老师始终坚持的"五个一"，也就在这个时候，我心里暗下决心要像李老师一样每天践行"五个一"，像李老师一样去教育学生，像李老师一样去做真教育。在年会讲座休息的时候，我鼓足勇气简单介绍了自己，并且邀请李老师合影。李老师满怀深情地鼓励我说："年轻人，好好努力！"有了这次近距离的接触，我心中对李老师的敬意更加强烈。受他鼓舞后，我改变了以往的生活、学习、工作态度，真正理解了"一个人应该有追求，一个人应该活得有价值，一个老师应该成为学生成长中的奠基者和贵人"的内涵。

自此以后，每年参加一次爱心与教育研究会的年会便成了我的年度大事。因为在年会上不仅可以见到李老师，还可以遇到一群"尺码相同"的人。他们来自天南海北，他们怀揣教育梦想，他们可以引领我不再迷失方向，从而认识自我、突破自我、追求自我。

不畏浮云遮望眼　迷人圈子解谜团

为了更好地学习李老师的教育思想，践行李老师的"五个一"，我提交申请、接受考核，最终我顺利地加入了爱心与教育研究会。这在我的教学生涯中，具有重要的意义。

　　走进爱研会，有一种找到家的感觉，我以前所遇到的困难在这里都被一一解决了。睿智而直言不讳的杨富志老师建议我做教师要博览群书；稳重而帅气的黄建军老师给了我写作的自信和力量；热心而担当的大勇哥让我明白身在团队中就要贡献光和热；幽默风趣的暖男勇哥使我懂得教育教学中还有浪漫；善于思考、用心做事的杨宏杰老师指导我善思善行；一丝不苟、朴素典雅的秀波姐总是在我遇到困难时给我一颗定心丸；博览群书、温文尔雅的田姐给了我教育的智慧和教学经验……在他们身上我看到了教育的朴素、教育的真谛、教育的希望。

　　初入团队，看到他们每一个人都在自己平凡的岗位上书写着教育的幸福，我觉得差距很大，心里只有羡慕。在一次聊天中，我把自己的顾虑告诉给杨宏杰老师，他鼓励我要成长……在太多太多的老师的鼓励下，我鼓起勇气、战胜自己，积极参加每周六的呱呱活动。在呱呱活动中我争取机会发言，努力阅读爱研会指定的共读书籍、文章，尝试撰写博文，把自己的教育故事和阅读心得留在博客中，以此勉励自己努力前行。

　　我至今仍能清楚地记得2015年1月24日晚上8点，第一次参加呱呱发言的情形。由于激动和胆怯，说话吞吞吐吐，是雁姐一再鼓励我："只要挺过第一次，以后就会成为一种习惯。"确实，第一次发言不是那么精彩，但给我留下了勇气和上进的信心。从那以后，我积极参加爱研会组织的各项活动，争取一切锻炼的机会。通过努力，我作为爱研会呱呱活动的主持人，主持过爱研会50多次线上研修活动和3次线上元旦联欢晚会。

　　在这个团队中，我们虽然不曾谋面，但只要谁有困难，大家一呼百应；只要谁有新的发现和经验，大家都拿出来资源共享。我们虽然不是一家人，但却胜似一家人。这恰恰就印证了我们信奉的一句话："一个人也许走得很快,但一群人会走得更远!"走在这个团队中,困扰我多年的教育谜团得以破解。我的教育梦想和努力方向更加明晰,我要做学生成长中的贵人;我的文本解读角度和教学设计更加新颖,我要让自己的语文课堂成为孩子们向往的乐园;我的教育写作更加得心应手,我要让自己在爱研会获得的成长和取得的成绩留痕影响他人;我越来越感受到做老师的幸福感。

忽如一夜春风来　我自努力向阳开

当一个人的心中有了诗和远方,这注定他是辛苦而忙碌的,但他最终是幸福的。

加入爱研会后,我真的像是变了一个人。我经常反思日常工作中的点滴收获和不足,思考有关教育的问题,关心学生的学习状况和心理健康;慢慢地我觉得自己的内心不但强大而且更加纯洁了。

假如说加入爱研会是我生命中的一缕春风,那么参评"爱心杯"优秀班主任就是在追寻教育梦想之路上开出的一朵向阳花。

因为有一种向上向前的力量牵引着我,自从参加第三届年会后,不管是山东新泰、广东中山、河南洛阳、福建漳州的年会,还是"庆阳五中的田园教育"和"柔远河畔的新教育实验"都曾在我的心中激起了一片涟漪。我努力向他们学习,向他们靠近,用心在自己的试验田上大胆开垦。因为我一直坚持追随爱研会,不断提高自己,大家都鼓励我参加每年评选一次的"爱心杯"优秀班主任。说实话,我内心也曾羡慕过,也曾向往过,可是我觉得自己离这一份荣誉太遥远,我还不够资格。就在我犹豫不定的时候,杨富志老师再次鼓励我:"就算评不上,对你自己也是一种鞭策、一种鼓励。"于是,我鼓足勇气报名参加评选。虽然经过两年的努力我才正式被评为"爱心杯"优秀班主任,但是经过梳理回顾、参评试讲、现场分享等环节,我再一次感受到爱研会给我带来的意想不到的收获。

在这追寻春天的路上,因为心有了归宿,所以鲜花和掌声也随之而来。在跟随团队的过程中,我汲取了兄弟姐妹的智慧,树立了自主高效的课堂教学意识,探索提高小学生作文水平的切入点,开展了多项主题研讨活动和多次县内作文教学示范课。我的语文课堂教学活了,我的学生爱上课了,我的教育激情也被点燃了。我开始走出校园送教下乡,把我的"快乐语文"课堂带给庆城县乡村学校的老师和同学。我开始用自己的博文启迪身边的老师进行教师专业阅读和专业写作。多年来,我写的60万字的博文被点击了12万次,好多身边的老师从我这里知道了李镇西老师和爱研会。我开始用充满爱的味道的"心语本"和孩子们交流感情,帮他们消除心理障碍。同时,我举办了"庆阳市幸福家庭教育公益讲堂",改变了很多家长的家庭教育的理念和教育方法,帮助了很多父母走出家庭教育的困境,真正实现了教育的幸福。我先后获得第六届"爱心杯"优秀班主任、《课堂内外·中国好老师》第一届"中国好老师"、庆城县"优秀教师"等荣誉称号;入选深圳幸福家庭教育师资百优讲师、庆阳市家庭教育专家库专家;获得庆阳市优质课竞赛和论文评选一等奖;两项课题被确定为庆阳市重点课题,另外微课制作也荣获甘肃省一等奖。我还在《课堂内外·中国好老师》《作文读写》《未来导报》《中华校园》《庆阳教育》等报纸杂志上发表多篇文章;在河南、福建、河北、甘肃等地做教师专业成长及家庭教育专题讲座数十场……所有的这些,都离不开李老师的影响和爱研会的培养。对此,我常常心怀感激。

当又一个黎明破晓之时,有人会问我:"累吗?苦吗?"我会毫不犹豫地回答:"不累,很幸福,因为心儿永远向往着春天!因为学习李老师,行走在爱研会的大家庭里,我坚信:踏雪寻春去,归来春满怀。"

◎ 张巧

且读且写且成长

"我要做的，不是代替你的进步，而是在你需要提醒的时候提醒你，在你需要鼓励的时候鼓励你，在你迷惑的时候给你一点建议，在你取得进步的时候分享你的喜悦。"我话音未落，咱"启航一班"的"大炮们"就给我大声喊出了："李镇西老师说！"是啊，孩子们都知道，我喜欢阅读李老师的著作，喜欢转述李老师的名言，当然名言之后一定会加上这么一句——"李镇西老师说"。

我是一名农村初中英语老师，身处贵州毕节的一个小山村，一直行走在乡村教育的大道上，初心不改，至今依然。2006年，我的家乡、我的学校，要能知道李镇西老师，那真不是一件容易的事儿，而我就是从那一年开始了解李老师的。有一天，在学校校长室闲逛，看到书架里一套华夏新视界教育系列丛书《教育从爱心走向民主》，里面还有两盘光碟。我把它们带回家，开始观看与阅读，李老师的童心、爱心、责任心，深深地吸引了我。

从那时起，李老师的书就成了我买教育类书籍的首选。《爱心与教育》《做最好的班主任》《做最好的老师》《李镇西班级管理日志》等，我都曾认真读过。读李老师的书，让人油然而生敬意。敬佩李老师对学生真诚的爱，欣赏李老师鲜明的个性特点，佩服李老师浓浓的教育智慧。他那积极向上的教育、生活态度，是年轻教师教育生涯中的一剂良药。何为"朴素最美，幸福至上"，李老师书中的一个个故事，就是最好的诠释。他那些被汗水浸泡过的、沾着泪水与欢笑的文字，总让人爱不释手。

人在不同阶段，总会遇到不同的人，总有一些人，会改变你的整个生命轨迹！世纪之初遇到李老师，为我人生轨迹的改变埋下了伏笔。由于李老师，我加入了经"麻雀校长"勇哥推介的"李镇西教育研究会"（现已更名为"爱心与教育研究会"）。

我的阅读

2015年的9月17日，是一个值得我一生铭记的日子。这一天，我进入了"李镇西研究会"这个大家庭，开始感受到这个家庭带来的温馨、带来的动力、带来的阳光。开始和一群有共同教育追求的人一起行走。每天从早到晚，研究会群里都有充满正能量的教育感悟、读书推荐、优秀博文推荐等；每个周六，都有雷打不动的呱呱讲座——"成长有约"，我受益其中。老师们博大的教育情怀，坚持高质量的阅读、写作的精神，深深触动了我的灵魂。本就有些喜欢书的我，更加坚定了一个信念：时间虽很紧张，但一定要每天挤出15分钟的时间坚持阅读与写作。

2015年11月11日，我买了300多元钱的书，我开始与时间赛跑。后来也不断在网上购书，只要听到什么书好，我都会把它加入我的购物车。我已阅读的书目有：《给教师的建议》《第56号教室的奇迹》《致教师》《做最好的老师》《我的教育理想》《巨人肩上的舞蹈》《帕什雷夫中学》《不跪着教书》《走进教育家苏霍姆林斯基》等。也就从那时起，我的阅读开始由杂乱变得系统了。我知道在读书的旅途中，带着方法上路，才会花开一路。

2016年7月，我开始有了自己的团队——贵州省初中英语乡村名师张巧工作室。由于受研究会这群热爱阅读和写作的同人的影响，我把我工作室的理念定为"在阅读中点燃思想，在践行中走向成功"。我在阅读中引领团队，我让伙伴们明白：读书是让自己变得富有的最廉价的捷径，一个不阅读的人，他的眼界一定是狭隘的，注定会被狠狠甩在队伍后面。在每期学员开班时，我都会发书给大家，经过一定时间的认真阅读后，再进行阅读分享。到现在我也还能清晰记得工作室的第一期读书分享活动，学员兴敏老师拿着已阅读完的《爱心与教育》，结合自己的教学案例，分享过程中泪流满面，情绪不能控制；我也还记得我的学生，也是工作室学员春花老师她第一次想要读一本薄的书，结束时却主动跑到我家里要有分量的书，就连在产假中也坚持阅读；当然我更没有忘记，讨厌阅读的工作室成员邱芝莉老师，把李老师的《给教师的36条建议》与苏霍姆林斯基的《给教师的建议》常放床头，当作工具书来阅读的喜悦。到现在，我的工作室成立已有四年，读书分享已成常态，伙伴们精彩分享的读书心得，让我自豪与欣慰。

对于自己所带的班级，我也尽量给孩子们营造一个阅读的大环境。生日时的礼物、进步时发的奖品都是书。我赠送给2018届学生的书已价值好几千元，而且我还每周抽一节课的时间让孩子们分享阅读心得，让他们制作阅读简报并且在"我行我show"栏目里，以组为单位展示。我不断引领孩子们，使他们懂得阅读在他们未来学习与生活中的重要性。

高尔基说："书是人类进步的阶梯。"在阅读中，我寻找到了教育的理念；在阅读中，我坚定了自己前行的方向；在阅读中，我帮助学生把每天所学知识形成了立体的、牢固的知识体系，直至转化成能力。

2016年4月，我参加"马云乡村教师"评选。填写评选材料时，对于"个人未来发展的期望与目标"，我这样写道："读万卷书，行万里路是我追求的境界,我要享受阅读给我带来的快乐,提升自我;我将继续用爱、用宽容、用鼓励守着孩子们过日子,做一个有故事的人,播撒教育的希望,做一名捕捉幸福的麦田守望者;我要与学生、家长、社会多接触,从教学中找到生活的乐趣,坚持不懈,勿忘初心,挖掘生命的意义与价值。我接下来发展的目标是活到老,学到老,用阅读点亮人生,让反思为我导航,引领学生快乐地学习,为乡村教育添砖加瓦。"这些在别人眼中看似口号的誓言,却是我内心深处的真实想法。我不得不说,是研究会伙伴们给我的启示。2016年底,我有幸被评为"2016年马云乡村教师"。

我在与研究会同人们一起成长的路上,不断阅读李老师及其他教育大家的著作,我带领团队、引领学生、成就他人,也使自己获得成长。

我的写作

"研究会""年会""杨会长""巧思漫溯""教育专著""正高",这是说到我近年的写作所联想到的关键词。

我在与时间赛跑,这种感觉,近年来尤为强烈。自加入研究会后,我努力找寻与时间赛跑的方式,可冥冥之中却没有得到最佳答案。一个善于进取的老师,总能找到前进的动力和方法。一个想成长的老师,应该能抓住每一个时间的缝隙,让它在读、写、思中优雅地流淌,我时常这样告诫自己。

这些年来,研究会犹如我成长路上的一根细细的皮鞭,不断抽打着我。大家的教育经历鼓舞着我,大家的先进事迹影响着我,大家的教育情怀感召着我。"勇哥也要学论语""敏儿思考""志言虹语"还在眼前,杨会长及各位优秀老师的阅读经历感染着我,李老师的"五个不停"以及华哥的"4433+1"的讲座启迪着我。还有思考与写作对我的教育人生规划起了推波助澜的作用。华哥的"4433+1"的讲座，不仅激励了我，还促使我也不断地给我的每期学员分享，让他们从华哥的"第一个十年""2010—2015年新的十项措施"到如今的"十个一成长规划"中感悟与提升。职业规划、准确定位、敬业奉献、持之以恒，读书、反思、写作、网络，这是华哥在"4433+1"的讲座中的分享，它鞭策着我。我告诉我和我的团队：有目标，努力才有方向；有目标，行动起来才会用心、用情。在研究会正能量的影响下，我引导我的团队成员规划人生，提笔书写教育。

2016年7月11日，我带着希望与憧憬，风尘仆仆地赶往中山，参加"李镇西教育研究会第五届年会"。四天时间里，在美丽的纪中雅居乐凯茵学校，我见到了一群"尺码相同"的人，我觉得他们中优秀的太多，我有些不敢说与他们"尺码相同"。杨富志、张学勇、黄建军、谢华、任秀波、刘沛华、王丹凤、杨宏杰等，一个个富有个性的名字、一张张自信的笑脸、一个个穿透心灵的故事，让我记住了他们的精彩。可我的故事呢？中山之行，让我坚定了应该续写我的教育故事。记得素儿老师说过这样一句话："最大的荣誉就是孩子们给我满满的故事，最大的收获就是每天可以用笔书写孩子们的成长。"有故事的老师才是美丽的，有故事的老师才是精彩的。从中山回来的路上，我收藏着一路美丽与精彩，我对自己说，边读边写下我与孩子们的故事吧！

2016年9月4日，我在研究会杨会长的督促之下，开启了每日一语——"巧思漫溯"。和可爱的孩子们同行，每天都会产生一些特定情景下的想法，我会迅速下笔，三言两语记下来，以此为生命留痕，这便是我"巧思漫溯"的源头。那是每天思考之精华，能给工作与生活带来更多的力量与思考。一直以来，我对杨会长都心存感激，是他的鞭策，让我明白，不读书，何以为师？一个教师，必须在写作中锻炼自己，通过实践思考，方能有自己的教育思想与主张。杨会长对研究会里大家的成长寄予厚望,有时我在想,是怎样的一种力量,让他能这样坚持不懈、热情如初呢?应该源于杨会长植根于心中的责任感与使命感吧。所以,在我的教育专著《农村初中英语教师教研学探索》一书的158页,我写道:"遇见是一种神奇的安排,它是一切的开始。2015年9月17日,这是一个让我一生难忘的日子,我遇见了那一群人,那一群有着共同追求、共同理想、共同情怀的来自全国各地的老师们,他们以李镇西老师为榜样,抱团行走。正因为这次遇见,让我有了美丽的开始:读书写作,思考人生。在团队中行走,是快乐幸福的。又一年过去,在2016年9月4日,我在研究会杨会长的激励下,开启了每日一语——'巧思漫溯',它是我对教育的探寻,它是我对人生的思考,它是我成长的积淀。"

2017年8月13日,"2017年马云乡村教师集训营"活动结束,我还沉浸在昨夜的热闹中,耳边还响起来自全国各地的2015届和2016届"马云乡村教师"以及马云公益基金会伙伴们的欢声笑语。那些歌声、那些拥抱、那些面孔、那些泪水,正如昨夜基金会为我们8月生日的老师们送上的蛋糕——甜蜜而美好,我已把这一切定格在了记忆的深处,希望它弥久醇香。14日早晨5点,我在一个可爱且有爱心的孩子——2001届毕业生江山的护送下,又踏上了新的旅途,为了那一场期盼已久的年会——李镇西教育研究会第六届年会。离开了杭州的感动与幸福,我又投入另一场感动与幸福的追寻之中。洛阳年会之约,让我感受最深的是李老师的"用一生的时间来寻找那个让自己惊讶的'我'"的讲座。在讲座中,李老师用他珍贵的照片作为引子,沿时光轴将自己的成长轨迹徐徐展开,抑或黑白,抑或彩色,每一张照片都蕴藏着一个感人的故事,每一张照片都展示着李老师激昂的教育情怀。一届届让人难忘的学生,一页页发黄的资料,李老师在不停地问自己:"我还能不能再往前走一步?"从教35年,李老师用鲜活的事例为普通教师的成长解密,从平凡到闻名,从青春到年过花甲,李老师就是一部神奇的教育传说,他用对教育的热爱、执着与智慧创造了教育神话。正如他在讲座中所说,正因为他不停地思考,把每一天都当作科研,才把一堆琐碎的日子铸造成伟大的人生,才把自己的每一个班演绎成一部"教育的大片"。三天的时间,一场场成长汇报、一段段简短发言,每位教师都在为教育激扬生命。无论是理性沉静,还是热情奔放,都是追逐教育理想的最美姿态,都在传承着李镇西老师的教育精神,彰显着研究会团队发展的基本宗旨,对新教育理念的成功渗透和引领践行做了堪称完美的诠释。在回程的路上,我亦自问:"我能不能再书写精彩?我还能不能往前走一步?"

在李镇西教育研究会影响下,我不停地读、不停地写、不停地思,我读名著、读大纲,我写案例、写感悟,我思教学、思人生。正因为我有写作的积淀,2017年8月,我的教育专著《农村初中英语教师教研学探索》由东北师范大学出版社出版,这也成了我晋级正高职称的一个重要科研成果。

著名哲学家尼采说:"每一个不曾起舞的日子都是对生命的辜负。"我时时告诫自己,每天给自己一点时间沉淀,每天给自己一点时间学习,让自己的生命始终处于不断阅读、写作、实践与思考之中,做一个不断成长的乡村教师。李镇西老师与研究会,以及我生活中遇到的教育大家们,他们给我每一次的学习撒下种子,我会将它们播撒在贵州金沙这片还未彻底开垦的土地上,追寻花期,不忘初心。

人生总是在不断聚与散中前行着,奔波着。人海茫茫,聚就是缘,愿此生,能做一个行走在时光里的清雅女子,珍惜每一次的相聚,淡然前行。2021年7月,研究会十周年的昆明之约,期待和来自全国各地的老师的又一场约会,想必一定又是精神盛宴。

◎ 王丹凤

我与爱研会的深情十年

我第一次出国是去俄罗斯，不是旅行，也并非出差，没有行政命令，也无赞助，一切都是自愿、自费。赴俄罗斯的团队共有18人，我仅认识一人——李镇西老师。

见我孤身前往万里之外，有人满脸担忧：你不会被洗脑了吧？有人咂舌攒眉：学习李镇西大可不必如此。也有人好言相告：去俄罗斯旅游，提前订票费用更低。听罢，我莞尔一笑。谁也不知道，能紧跟在李老师身边学习，源于我心底的一个梦。

百年诞辰

2018年10月，我跟随李老师等赴俄罗斯，参加纪念苏霍姆林斯基诞辰100周年国际学术研讨会，"荣任"李老师的"首席摄影师"。

研讨会在列宁格勒州教师进修学院举行，礼堂古朴庄重。在这场穿越时空与国界的盛会上，不同种族、不同肤色的人在此相逢，同一颗真心、同一个教育梦的人也在此交会。当李老师的声音与同声传译此起彼伏响彻礼堂时，我的每个细胞都在颤抖。按捺住激动的心情，我小心翼翼地穿行并快速抓拍起来。

我亲眼看到李老师翻阅了无数遍《要相信孩子》和《给教师的建议》，看到李老师书房里苏霍姆林斯基著作专柜以及如痴如醉读书的照片。虽然，我早已在"镇西茶馆"里见过其中的部分照片和故事。可是，当我站在俄罗斯的土地上，在纪念苏霍姆林斯基100周年诞辰的现场，看到李老师曾经出席苏霍姆林斯基80周年诞辰和90周年诞辰纪念活动的照片，看着李老师为怀念苏霍姆林斯基和卡娅在帕夫雷什中学亲手栽树的照片，听到李老师用自己30多年的思想与行动诠释着教育的最高价值时，我被深深地震撼了：这不是一次演说，更是一种精神的传承。眼前的一切将会载入史册，会出现在苏霍姆林斯基110周年诞辰、120周年诞辰上……

那一瞬间，我突然懂得什么叫"用整个心灵迷恋苏霍姆林斯基"，教育正需要这种持之以恒且质朴深邃的情感，李老师早已将苏霍姆林斯基的思想融进自己的血液里。随行的日子，我抓住每一刻去感受。在圣彼得堡晨练时，李老师不停歇的姿态让我领悟到"不管是晨练还是人生，遇到任何障碍，都不要让身体与思绪停滞"；在抓拍亚历山大花园永不熄灭的圣火时，李老师的执着让我思索拍摄的角度与作品背后的历史人文；同行一路，我亲眼见证"镇西茶馆"《俄罗斯散记》系列文章的诞生，叹服李老师随时随地创作的热情。李老师忘我而又自然的境界，正是苏霍姆林斯基精神的完美体现。

回想那个梦，我的"迷恋"尚肤浅，回味那个梦，这些年的"迷恋"很幸福。

十载历程

幸福，来自十年前的邂逅。

那一年,我中途接了全校最特殊的一个毕业班。两年时间,换了多名老师(不是被气走,就是被赶走),劝退了近十名学生,我的"待遇"可想而知。就在我苦苦挣扎,快要撑不下去时,《爱心与教育》吸引了我的目光,书中的故事感动得我泪流满面,书中的文字不断敲打着我的心——

当一个好老师,最基本的条件是拥有一颗爱学生的心。爱学生,就必须善于走进学生的情感世界。而要走进学生的情感世界,首先就必须把自己当作学生的朋友,去感受他们的喜怒哀乐。

于是,我学着李老师的样子走近学生,在一个月的时间内,用58封信敲开了这群孩子的心门。看着学生自信的笑脸,我喜极而泣,甚至开始痴痴地想:如果能见一见李镇西老师,那将是多么幸福的事啊!

2013年,一个偶然的机会,我加入了李镇西教育思想研究会。

同年7月,在仙桃,我终于如愿以偿见到李镇西老师,并拥有了第一张珍贵的合影。幸运的是,我在李老师的讲座"自己培养自己"中吸取到成长的养分,在"教育的酥油花"里开始思索自己的人生信仰。此行还有意外的惊喜,年近70的蒋自立老师用独特的方式讲述"自我教育",来自全国各地研究会里的兄弟姐妹们分享自己的教育故事与教学创新。会后的月光晚会格外清雅,老杨、皇叔、勇哥、华姐、戴姐、杰哥、雁姐、立元……我们品瓜吟诗论教育,轻歌曼舞诉衷肠。

我知道有黑龙江的老师不远千里自费而来,有甘肃的老师携家带口风尘仆仆而来,有上海、广州的老师舍弃暑假的悠闲自愿参会,一群天南海北的教育追梦人从线上走到线下,只为奔赴这场教育盛宴。能在李镇西老师的引领下,与这群最可爱的人同行,很幸运!

会后,我仿佛拥有无穷的力量,在皇叔的邀请下一起打理博客部,积极参加每周六晚上的研讨，认真践行李镇西老师的"五个一"。慢慢地，我在教育教学上有了新的收获，这才鼓起勇气参加第四届年会，去见敬爱的李镇西老师和研究会的兄弟姐妹。

2015年7月，年会在山东新泰召开，近800人参会。茶歇期间，李镇西老师被参会者围得水泄不通，我没有上前打扰，只是在人群最外围蹭了一张合影，心想：能远远地看到李老师，我就心满意足了。

"那个穿红衣服的女老师，你也加到群里来，我把刚才的合影发给你。"

或许是看我犹豫不决，或许是发现我的胆怯，没想到李老师竟招呼起来。我心中的小火苗一下子蹿上来："今天是个特别的日子，可否请李老师送一份祝福给我？"

我收获了如愿以偿的喜悦——"王丹凤老师：祝你生日快乐！"

捧着沉甸甸的笔记本，一个大胆的想法冒出来：我要在下一届年会参评"中国李镇西式好教师"，我想向李老师靠得更近。

那一年，我一如既往进行博文推荐，扎根课堂研究教学，立足班级研究学生，申请参加新网师的学习。那一年，我第一次在《中国教育报》上发表文章，第一次在长江大学做了近3个小时的专题讲座，第一次获得市教育科研学术带头人的称号……

2016年，我决定报名参评。

李镇西研究会的申报表很特别，与所有官方申请表不同的是要填"我的自画像"，还要介绍自己像李镇西那样热爱学生、师德高尚、教学娴熟、能说会写及反思成长的事迹，还包括家庭成员对自己的评价以及至少10名学生、5位同事与5位学生家长的评价。每一个板块，我都对比反思：我做得怎么样？李老师是怎么做的？我是否有资格申报？随后，我向每一届学生发出邀请。孩子们的回信让我热泪盈眶，有的亲昵地称我为姐姐，有的喊小王老师，还有的给我取名 wonderful（谐音），没想到曾经相处的点滴在孩子们记忆深处熠熠生辉。我知道，我所有的爱心与智慧都是受李老师的影响。

这份申请表，我填了整整三个星期，共计 19049 字。会长杨富志说："这是我见过最规范、最深情的申报表。"

2016 年 7 月，第五届年会在广东中山纪雅学校隆重召开，有来自全国 18 个省市的李镇西研究会会员，共计 500 余人参加。

颁奖典礼上，作为第五届"中国李镇西式好教师"，我和小伙伴们一起站在领奖台上。从李老师手中接过证书的刹那，我的眼睛变得模糊起来：李老师是我一生的精神指引，这个荣誉是我要用一辈子去践行的承诺。

这次年会，我被选中担任主持人，同时每一名"好教师"要进行个人成长汇报。对我这个数学老师而言，几乎是天大的挑战。但这事成了：镇西老师称赞我与华姐是一对"大红大紫"的主持人，蒋自立老师点评我的成长汇报非常完美！

感谢研究会为老师们搭建起专业成长平台，使我们每个人都能发挥所长，相互补短。李老师在书中写道："名师要'能说'，要能够通过演讲或报告传播自己的教育智慧，要有思路清晰的概括能力、要言不烦的提炼能力、逻辑严密的分析能力、绘声绘色的叙事能力，等等。"

这不，在我展示汇报的前一天晚上，华姐不辞辛劳地指导：链接文档要提炼后讲述，班级视频得选择最感人的播放，演讲时要注意表情动作等。

在我汇报结束后，蒋自立老师立刻点评："她的课件呀，取舍得当。有人将课件内容展现后，一字不漏地念出来，而她是有选择地提炼，这样处理相当巧妙。小王是我们最美丽的老师，我听了她的讲座后，我认为她不仅外表美，而且有内在美，她是我们研究会的'女神'。"当"女神"这个网红词从古稀之年的蒋老师口中说出来时，笑声与掌声几乎把房顶掀翻了。

此后，李镇西研究会更名为"爱心与教育研究会"，我承担起爱研会更多工作，责无旁贷张罗着年会的部分事项，主持了2017年第六届年会、2018年第七届年会……

朋友们笑称我是"金牌主持"。我想说："金牌主持因何起，满目星辰皆是你——爱研会。"

一世情缘

后来，我因工作变动，带着孩子离开湖北来到新的城市。

这两年，我在体制内外行走，在不同省市的教育圈摸爬滚打，偶尔也到其他团队客串。与过去十年相比，我看到更多的聚散离合与善恶美丑。沉静下来，我愈加觉得自己与爱研会的情缘历久弥新，对教育理想的坚守弥足珍贵。

2020年12月下旬，爱研会的群消息闪个不停，第九届年会即将在昆明召开。没有一丝犹豫，我要请假去参加年会。校长左思右想，询问道："王主任，期末复习很紧张，你觉得参加这次会议，有必要吗？"

是啊，我该如何选择？年会有我想见的小伙伴，有我追求的教育信仰，我不想错过每年一次的心灵洗礼。我沉默片刻说："这次年会，我必须去，请您支持。"

昆明年会是爱研会的一个可喜转折，举行了新一届理事受聘仪式，由丑小鸭中学校长詹大年担任会长，并有充满传奇色彩的丑小鸭中学师生参与交流。为此，十三届全国政协常务委员朱永新教授专门发来祝贺视频，并寄予殷切希望。

很庆幸，我又一次见证了历史性的时刻，主持年会并尽最大努力承担爱研会秘书长的工作。会后，皇叔悄悄告诉我："李镇西老师刚才夸你是爱研会的形象大使。"

转身，我看着李老师的侧影，粲然一笑。今生，能一步一步向李镇西老师靠近，是我不竭的精神动力；能和爱研会的小伙伴们一路同行，是最美好的一世情缘。

◎ 张学勇

从"新"开始，期待遇见最好的自己

身为普通老师也好，后来做了"麻雀校长"也罢，曾经的我，是多么的迷惘，多么的无助，每天在教育的天空里漫无目的地东冲西撞；闲暇的时光，大都在迷恋网络中付之东流。直到我遇见了爱心与教育研究会，直到我遇见了"新教育"，我才像是在暗夜里瞥见了一抹星光，慢慢找到了努力的方向。

朱永新教授在《〈新教育文库〉总序》中说："行动，就有收获；坚持，才有奇迹。"读到这句话，我深以为然，可是，我心中依然充满了困惑：我该从哪里起步呢？我能不能坚持下去呢？

幸好，朱永新教授的《走近最理想的教育》又走进了我的视野，静心细读之后，我才幡然醒悟——原来，"新教育"并非水中月、镜中花，我也可以做啊！

一

山村孩子的课外书少得可怜，我就开放学校图书室；图书室里的书数量不多、内容陈旧，我就在网上求助，爱心与教育研究会的家人们，从全国各地寄来适合孩子们阅读的图书近千册；学校师资紧张，没有专门的图书管理员，我就每天打开图书室，让学生自行借还、自行记录。

有的老师提醒说："图书少了怎么办啊？这可是固定资产啊！"

"固定资产'流动'起来才更有价值啊！'固定'在图书室里就是资源浪费，翻烂了咱再买，丢失了咱再补。再说，我一直坚信善良、诚实是每一个孩子的本性。"

我的地盘我做主，我动用了"校长"的权力，坚持开放图书室。每天从早晨上学一直到下午放学，图书室的门都是敞开的状态。每到课间，孩子们进进出出，不争不抢，自行借还，从没少过一本书。

有一次大课间，学生刚借完图书，上级领导突然造访，在校园逛了一圈直接进了楼梯口的图书室。我身上直冒冷汗，赶紧解释了几句，然后等待着一场狂风暴雨的来临。谁知，领导看了看书架上有点凌乱的书本，又看了看桌上孩子们大大小小、笔迹不一的借还记录，微笑着说："对于小学校来说，应该因校制宜、创新思路，图书室就可以这样开放，图书就可以这样借还，看破了总比放烂了好……"

有惊无险，我心中窃喜。从此，为了给小小的校园增加点书香味儿，我更新了以"悦读"为主题的校园文化，组织了名目繁多的读书活动。每次成绩测试之后，给孩子的奖励从口头表扬变成了可以"多借一本书"；每学期的学生表彰，也从文具盒、书包换成了他们心心念念的图书……

六年级的孩子们要毕业了，离校前的最后一个愿望竟然是再借几本书看。我没有丝毫犹豫，让孩子们每人自选三本，不让小学最后一个暑假虚度。8月初，孩子们来学校拿升学通知书的时候，又把借阅的书籍完璧归赵。

还有一个小插曲，让我至今记忆犹新。

一个叫耀的孩子随父母搬去了城里，自己坐公交车来学校，匆忙之间忘记带自己借的书本，固执地让爸爸骑车赶了 30 多公里路送到校长室才开心地走了。

"同学们，只要我在这里做一天校长，图书室的门就永远为你们敞开着……"虽然我知道孩子们上了初中就基本没多少时间再看课外书了，虽然我知道他们休息的时候我也基本不在学校，但我还是给了孩子们一个庄严的承诺。

我是这么说的，也是这么做的。孩子们月休的时候，往往提前半天放假，就会跑来学校找我，我还是让他们自行借阅、自行记录……

二

学校依山傍水，在外人眼里是一个山清水秀的好地方，好像一个世外桃源，但恐怕只有身居其中的人才会明白这意味着什么。学校里，几乎每个孩子都是留守儿童，外出打工的父母一走就是一两年，留给孩子们的只有年迈的爷爷奶奶、院子里四角的天空，还有院子外连绵起伏的山岭。孩子们渴望了解大山之外的世界，渴望飞向更高更远的天空。

怎样力所能及地为孩子们打开一扇窗子呢？我苦思冥想了许久，都未能找到满意的答案。后来，作文课上的书信习作让我眼前一亮，为何不用这种传统的方式帮孩子们认识外面的世界呢？

恰在此时，四川成都的向彬老师向我们伸出了橄榄枝，我们两个不谋而合。他不是"金风"，我也不是"玉露"，但我们和我们的孩子们一相逢，便注定"胜却人间无数"。

孩子们鸿雁翩飞，书信传佳音。课间热烈讨论的不再是昨天看过的电视、玩过的游戏，而是遥远的四川、美丽的成都、漂亮的学校、素未谋面的"笔友"……言语之间，孩子们充满了无比的憧憬。

随后，我校不同年级的孩子也与江苏苏州、河南洛阳、内蒙古呼和浩特等地的孩子结成了"笔友"。

千里友情一信牵，我不知道通过这扇小小的窗，孩子们能够看到多少外面的世界。但我坚信，一定会有一颗颗小小的种子，种在了孩子们的心田；我也坚信，有朝一日，它们会生长、发芽、开花、结果……

三

在孩子们书信往来的同时，我也没闲着，每天行走在校园，以老师、班主任、校长"三位一体"的角度观察着生活，审视着教育，反思着自己。我也不知道我那叫"日记"还是"随笔"，反正回到家里已经习惯了坐在电脑前梳理一天的得失成败、所见所闻。当键盘敲打出一行一行的文字，我或喜或忧、或叹或思。

从《走进龙湾的日子》到《走向大山更深处》，从《和孩子们一起奔跑》到《心平气和一起成长》……12年的时间，留下了400多万字的原始记录，为我自己也为孩子们留下了最美丽的回忆。

曾有朋友问我："你这么忙，课不比其他老师少，还有学校管理的那一大摊子事儿，怎么还有那么多时间读书、写东西呢？"

我微微一笑，回答说："最忙的人才有最多的时间，只有闲人才没有时间读书写作。我的时间并不比别人多一分一秒，只是把别人赶酒场、忙应酬、看电视、玩手机、睡懒觉的时间用在了自己喜欢的事情上。累是累了点，但其中也有许多的快乐、幸福！"

话虽这么说，可是"麻雀虽小，五脏俱全"，面对学校的冗杂事务，我经常忙得晕头转向，记不清有过多少次萌生退意，也时常在痛苦中面临继续还是放弃的灵魂拷问。

其实，我心里明白，每一次成长的蜕变，都掺杂着鲜为人知的痛苦，这其中的滋味儿恐怕也只有自己能够体会。如果没有蒋老师、李老师的引领，如果没有爱研会的兄弟姐妹们的鼓励，或许我真的早已半途而废了。幸好遇到这么一群人，幸好有了他们的鼓励和支持，我才一步一步地走到了今天，一次又一次地邂逅最好的自己。

十多年来，我也获得了一些成绩：我被评为北京睿师育人教育科技研究院特聘专家、深圳道弘教育集团特聘讲师、泗水县首届儒学名师、泗水县小学语文骨干教师，以及泗水县小学语文、品德与社会教学能手，第二届"爱心杯"优秀班主任。我在《中国教育报》《中国教师报》等报刊发表各类文章近百篇，著有《守望教育——大山深处的"香格里拉"》。《中国教师报》《校长》《中华校园》等报刊曾对我进行了专题报道，我也成为《课堂内外·中国好老师》杂志封面人物。我在山东、湖北、甘肃等十几个省市分享交流100余场次……

我在为自己骄傲的同时，也深深地知道：我读得还不够广，我写得还不够多，我做得还不够好，但我已经走在了不断超越自己的路上。"新教育"的十大行动已经给我指明了前进的方向，爱研会的家人们给我灌注了前行的动力，虽然很难，虽然很远，但"世上无难事，只怕有心人"，走下去，虽难必胜，虽远必至。做个有"心"人，心态变了，再大的事儿也变小了，整个世界都会为你让路；做个有"心"人，再难的坎也不退缩了，时时处处事事都是成长的机会。

仰望未来，我要走的路还很长；回首过去，我留下的足迹还那么浅。年过不惑，从"心"开始，从"新"开始，唯有不待扬鞭自奋蹄，方能驰骋于更广阔的天空，勾勒出更精彩的人生。

"吾爱吾师，吾更爱真理。"这话说起来容易做起来难，但我们爱研会做到了。年轻的老师对我的尊敬是真诚的，这毫无疑问，但面对学术观点，他们和我的争论是直率甚至尖锐的，这同样毫无疑问。他们对我的质疑，不乏中肯之处，我乐于接受；也有不那么中肯的，我同样表示欣赏。求同存异，或不求同只存异，都没关系。我欣赏的是年轻人这种不迷信师长的态度。

「第五辑」

观点碰撞

◎ 詹大年

教育为什么不可以被欣赏？

李镇西老师认为，教育不是拿给别人欣赏的。

恕我直言，李老师的观点失之偏颇。我认为，教育不但是可以拿给别人欣赏的，更是拿给自己欣赏的。

李老师说："有的校长也会很有'市场敏锐感'地想到媒体，想到'提升形象''彰显特色''打造品牌''扩大影响'……唯独很少想到本校老师和孩子是不是有实实在在的成长与收获。"

在《教育不是拿给别人欣赏的》文章中，"教育"是什么？"别人"是谁？如何"拿给"？我的理解是——

这里说的"教育"，是借教育之名而打造的"教育"。

这里说的"别人"，是可以给利益的人。

这里说的"拿给"，是为了迎合的表演。

早几天，我听说了一个可以算得上笑话的笑话——有个中心学校，为了拍"防溺水演练"照片，竟租了一个水塘。如果这个水塘拿来练习游泳还真要为学校领导点赞，但仅仅是拿来拍照，就真的是个笑话了。

当教育是为了拿给别人欣赏，自然少不了"迎合""打造"的表演。这样，也就没有了学生视角。

我认为,真正属于孩子们的教育,是可以拿给别人欣赏的。

记得2018年李老师第一次来丑小鸭中学,他对我说:"大年,丑小鸭中学的校园跟很多学校不一样啊——为什么就没有几条标语,甚至连规定的标语也不见啊,也没有几个宣传栏嘛……"

我回答:"这里是丑小鸭中学,来这里的专家多,领导少。"

李老师哈哈一笑:"这样好,这样好。这样的学校,才是孩子们的。"

李老师的话,不仅仅是欣赏,简直就是赞赏!

近几年,来丑小鸭中学参观访问的专家学者络绎不绝,各类媒体对丑小鸭中学的报道已有十余万字,可以编成一本书了。这就是欣赏啊。也就是在这种被欣赏中,丑小鸭中学的孩子的眼神,才自信满满。

浙江缙云县长坑小学,学校真的就坐落在一个长长的山坑里。这所小学的几座房子竟然要分几个"校区"才容得下。学校角落里蹲着的小动物,墙壁上"挂着"的蔬菜,水沟里游着的鱼儿,展柜里摆着的根雕……都是给孩子玩的。这几年,长坑小学接待的欣赏者,从教育部长、教育厅长到局长、校长,都有。这样一所寒酸(真寒酸,一点也不夸张)的村小,四百多个学生,有近三百人是"外地人"。

我还认为,好的教育,就是让孩子自己欣赏自己。

在教育纪录片《教书匠》第十集《青春课》里,一个十四五岁的女孩说:"以前弃学,在夜店上班,一个月能赚到五六千元甚至七八千元,天天喝酒蹦迪,还有帅气的男朋友……"夜店生活给了女孩收获的快感,对有这样经历的女孩子,要跟她讲读书的好处那是非常无力的。

但细心的人会听得出女孩声音里的无奈。为什么?因为缺乏欣赏。

真正的幸福,来自于被肯定、被欣赏。

教育能做的就是让孩子获得这种欣赏。

有了自由,有了创造,就有了自信,有了欣赏。

自由、创造，其实是人的天性。尊重个性，才可以发现天性，发挥天性。

在丑小鸭中学，教室，学生可以自由设计；课堂，学生可以自由表达；校园，学生可以自主管理。

这些都是为了提升孩子的自我认知能力。有了自我认知，就有了自我肯定、自我欣赏。

培养"我"的主体，才是教育的价值。

四川什邡双盛中学，是一所在"5·12"汶川地震后重建的初中，全校不到四百名师生。十多年来，这所学校的每一位师生都练毛笔字，都是书法爱好者。整所学校浸润在墨香中，好像哪里都是书法教室，又好像哪里都是书法展厅。

学校是艺术的宫殿，孩子们都是艺术家。

不说"欣赏"，但随处都是"欣赏"。

这样的欣赏，是由环境产生的，与"拿给"无关，与"别人"无关。

◎ 张燕

"营造书香校园"何错之有?

2021年4月25日,李镇西老师在公众号"镇西茶馆"中重新发布了几年前的旧文《学校明明就是读书的地方嘛,为什么还要"营造书香校园"?》,表达了他对校园里刻意打造读书氛围和读书环境的不解和忧虑。李老师认为校园本身就是读书的地方,为什么还要营造书香校园?难道还有区别于书香校园的其他校园吗?如果没有书香,校园还叫校园吗?

对此,我有一点不同的思考。

校园之所以成为校园,的确是因为校园本就是读书的地方,本就应该充满书香。但现实是面临巨大升学压力的校园,缺乏教材、试题、练习题等之外的书,师生们都在读透教材、吃透试题,刷题、得高分成了很多校园的主要目标,于是,学生在校园看课外书是浪费时间,老师也无暇静心读书,阅读在校园成了一种奢望。面对中国人年均读4.7本书的尴尬,作为一个追求民族伟大复兴的国家,教育的重任可见一斑,因此营造书香校园的意义就显得非同凡响。

顾名思义,营造书香校园就是打造充满书香气息的校园,无论是校园环境,还是教师的阅读习惯,都在无声无息中引导学生自觉主动地阅读与分享。书香校园处处可见丰富多彩的书籍和师生阅读的身影,操场边、食堂里、树荫下，或一人，或两三人，静静地读书。读书是学校师生的重要生活方式，是他们每天的一种自觉、平日的一种充实。师生在深厚文化熏陶中成长、积累，丰富自身的文化底蕴，从而促进书香校园的可持续发展。

作为全民阅读的主阵地之一，中小学校是文化传承的重镇，承担着引导学生多读书、读好书、好读书的重要责任。苏霍姆林斯基说："一所学校可以什么也没有，但只要有图书馆，就可以称之为学校。"虽然网络时代有各色电子书可下载到轻薄的阅读器，搜寻网络版本也很容易，但是电子书永远取代不了纸质书，一本书还是要拿到手里阅读才踏实。所以学校图书馆才是学校精神生活的中心，是精神生活的重要基地之一。

美好的教育就是爱读书的校长和爱读书的老师，领着一群爱读书的孩子，一起阅读，一起成长。为了给学生提供丰富的读书资源，大力培养学生勤读书、好读书、读好书的良好习惯，学校每年不断增加图书购置经费的投入，不断充实图书馆的藏书。教育行政部门以及很多基金会经常举行赠送书籍进校园的公益活动，尤其是现在学生喜欢的绘本。

营造书香校园要开展丰富多彩的活动，以形成"读好书、好读书"终身学习的目标。比如：开展教师阅读活动，让教师成为学生读书的领路人；评选书香班级，让班级成为读书的乐园；评选书香少年，让身边的榜样引领阅读；鼓励亲子阅读，让家庭成为读书的港湾……通过开展丰富多彩的读书活动，学生的阅读行为更常规化。

总而言之，营造书香校园主要从抓好图书馆建设和阅读活动入手，以图书馆建设为抓手，保障师生的阅读资源，提升师生的阅读兴趣，满足师生的阅读渴求，同时通过开展丰富多彩的阅读活动，搭建展示个性的舞台，分享读书的快乐，不断提升学生的阅读素养。

阅读的厚度决定了人生的高度。营造书香校园的真正意义在于让学生认识自我、探索世界、感悟人生。在一个书声琅琅的校园里学习和生活，是学生和教师的幸福；在一个充满书香的家庭进步和成长，更是孩子和家长的幸运。因此，读书绝非只是读书节的事，读书应成为每位学生的最大爱好，更是每位教师一生的追求。

营造书香校园只有起点，没有终点。

◎ 李素怀

成长要自助也需他助

李镇西老师在《请别老想着"请教"别人，能够帮你的只有你自己》一文中说道：对自我教育的思考与研究是别人无法代替的，与其求助于人不如求助于己。最好的"请教对象"是自己。

李老师希望那些问问题的老师能够把问题作为课题去研究，因为教育是一个动态的过程，属于私人定制式活动。但我对李老师这个观点有不同看法。

成长当然主要靠自己，但对于初登讲台，或教育效果长期不理想的教师，为了不让自己陷入迷惘中无法自拔，请教名师或同行还是有必要的。读万卷书，行万里路。阅人无数，名师指路……有了这些基础学习路径后，他们才有能力突破自我成长的瓶颈，从而成为一名良师，更好地支持学生成长。

《教学勇气》一书中说："要成为一名更好的老师，我必须养成一种既依赖又不依赖他人反应的自我感——这是一对真实的矛盾。深入探索我自己的本性，同时，要寻求他人的帮助去认识真正的自己。"在初登讲台时，教师可以找到一位人生导师，作为学习的榜样，唤醒深层的教育潜能，对教师这个身份有认同感，找到与自我更契合的教育方式，充分发挥自己的教育天性，从中产生更优秀的教学智慧。

初当班主任的那几年，常常忙碌于琐碎的日常工作，时间一长，往往会让自己变得麻木，固有的思维模式只能让自己的教育认知越来越窄，感觉力不从心。我想做一名有智慧的教师，但是传统的反应和运作模式已经根深蒂固，单靠自己无法建立新的模式，无法看见问题的源头，这时候向他人请教，是为自己提供一个从他人角度看待问题的机会，而不是愚笨地透过自己有限的视野去审视每一个教育问题。

在成都武侯中学，我曾问李老师："为什么您的教育与我和我身边的教育不同？"

李老师用教育故事给了我答案，我才意识到我们的教育初心和意图不同，我马上调整自己，达成了对教育的期待——如何让自己和学生获得真正的成长。这个问题困扰我十年之久，终于在李老师这里找到了答案。我开始在李老师和朱永新老师的引领下做起了新教育尝试，虽然只是日常的教育实践，但是我和学生都体验到了快乐和幸福。

李老师让我知道自己的局限性，并不断打破自己的认知边界，有了快速成长的机会，同时还遇见了一群愿意和自己同行的小伙伴，有了在黑暗中前行的勇气。在爱研会中，相互讨教、彼此赋能是一种常态，我们有搞不明白的问题就去群里问小伙伴，多问几个为什么、是什么、怎么办……在问题中我们获得思考。

这就是向名师请教和学习给我带来的进步。

我经常向别人提问题讨教，是不想把自己的思维模式封闭起来，保持一个开放觉察的状态，帮助自己创建获得更多信息的机会。一定要问对的人，和对的人一起寻找答案。比如爱研会的小伙伴们，他们把我的问题从外部重新引向内部，让我知道"我"也是问题的一部分，而不仅仅只关注客观事物本身。

我没有否定李老师"成长靠自己"的观点，我只是觉得，对年轻老师来说，只靠自己可能是"盲目的成长"。教师想要在实践中成长，需要自助也需要他助，自助可以常写多读、实践深思，可以和同行组成成长共同体，从他们那里更多地了解我们自己和我们的教育；还需要给自己找位"名师"作为领路人，他们会帮助我们始终保持对教育的觉知，看到教育的诗与远方。

◎ 黄建军

"打造"名师又有何妨?

李镇西老师曾在《中国教育报》上发表文章《名师是打造出来的吗》，表达他对这些年来各种名师打造工程的担心和建议。李老师认为"打造"名师是不可行的，人才应该是一种自我发展，需要的是自由发展的空间。对此，我不敢苟同。

名师靠自我培养没错，但是"打造"也可以促成名师的诞生。

名师可以打造吗？首先要探讨的是名师的概念，我们要打造的是哪一个层次的名师。提到"名师"这两个字，我们首先想到的是陶行知、苏霍姆林斯基、魏书生、于漪、李镇西等这样的老师。显然，这样高水平的名师不是可以打造出来的。但是除了世界或全国知名的名师，还有相当多的是在一个或大或小的区域享有一定知名度，做出了一定贡献，具有一定影响的教师。教育行政部门想要打造的名师当然不是陶行知式的人物，如果说各级教育行政部门想要打造这样的名师，显然是痴人说梦，我想他们想要打造的就是能在一定范围内有示范、有引领、有辐射作用的优秀教师。

我认为这样的名师是可以打造的。第一，打造不是包装。打造名师不是像包装明星一样来包装老师，包装出来的始终只能风光一时，而无法起到真正的名师作用。打造就是发现人才，为人才提供更适宜的成长条件和环境。教育行政部门投入人力、物力开展这项工程，可以助力教师起飞。往低处说，可以激发一部分教师投入学习；更重要的是，通过打造手段，教师有可能参加高端培训，扩大教育视野，觅得良师指导，结交同行高人。我从教 22 年，作为草根教师，没有想过跟名师搭边，也没有被"打造"过。2017 年，我有幸进入中山市德育科 5160 工程，这个工程计划最终要评选中山市德育名师。虽然我自知不能胜任德育名师，但是我发现同伴中的确有能力非凡之人，这项工程对于他们的成长必定有极大的推动力；而我等余下不能评到名师的人也受益于这项工程。有不少名师在反思成长的时候都谈到了来自外界的触发，而作为"打造"重要手段的系统培训、论文撰写、论坛开讲等正是这个作用。这一步一步严格的考核，不是包装而是一个精进的过程。

第二，名师成长需要平台，教育行政部门有条件也有责任搭建此类平台。就是勤学上进、乐于探索的李镇西老师，当年也在他人的扶持下得到进一步成长。在李老师的著作中我看到，在他还没有成名之前，得到了蒋自立老师的帮助而第一次外出讲学。李老师还被派到陕西师大培训了几个月，在朱永新的鼓励下攻读博士研究生。如果当时教育行政部门为李老师搭好这样的展示平台，对他的成长是不是也会有推动作用呢？有不少优秀的教师，如果不通过"打造"，也许就没有李老师那么幸运，因获得他人赞赏而脱颖而出。广东省的名师工作室制度，通过名师带学员的方式发挥名师作用，这本身也是促名师成长的好办法。帮助名师搭建展示平台、出版论文或专著，这些看得见的措施对于名师的可持续发展有强大的激励作用。现在，一些民间团队，如爱研会搭建的平台也培养了一批优秀的教师。比如吉林公主岭的李素怀老师，获评"马云乡村教师"等荣誉称号，发表了多篇教学论文，她非常真诚地说自己的成长离不开爱研会。

第三，给名师一点耐心。名师成长不是一个立竿见影的工程，我们要有足够的耐心等待名师成长。教育部门打造的名师苗子不会是一个教学经验一片空白、从头开始的老师，能够选拔作为培养对象总会有他可取的地方。名师不是你想申报就可以申报得到的。就算培养对象中有个别不恰当的人选，也并不影响总体的队伍建设。打造名师的过程就是教师的一个成长与嬗变的过程。经过打造，一批名师当中有少数几个担当不了名师的责任也无妨；有名师产生，这个工程就不是豆腐渣工程。你不能要求每一个名师打造工程的教师最后都能够"成活"，不是每一颗种子都能够发芽，不是每一棵苗都可以长成参天大树。就算最后没有成为名师，这个打造的过程总会或多或少给入选者一些益处。而真正的名师一定会脱颖而出、光芒四射。

当然，"打造"并不意味着自我发展不重要，成为名师，钟情教育、主动学习、积极思考、勤于写作是前提，但是"打造"提供的辅助和促进作用也会让一部分教师更好地成长。如果不是一个真诚有爱心有真才实学的教师，就算评上了名师称号也必然走不远。

教师是教育的第一资源，是教育的内在力量。所以，我支持各级教育管理部门设立名师工作室，而且从省级、市级一直到校级，我接触到的各级被打造的名师中，大多还是货真价实的，或者说都有自己的绝活的。

◎ 邓正锴

"感恩"老师有错吗?

李镇西老师是我十分尊敬的教育名家。我曾经放弃周末休息,清晨 5:20 就起床,忍着肋骨骨折伤未好的不适,驱车四个多小时去听李老师的报告,可以算得上李老师的"铁粉"一枚。

最近,我在阅读李老师的著作《幸福比优秀更重要》,很受启发。不过,在读到《享受教育》这篇文章时,对于李老师对"感恩"老师的观点,我有不同的看法。

李老师在书中这样写道——

"是的,我说的是我要回报我的学生。这话听起来好像有些别扭,因为我们听惯了要学生'感恩老师'的话。可我要说,我们做教师的,教书育人是我们的本分。我们每个月领的工资,其实就是学生的家长们通过国家工资的方式给我们的报酬。有什么'感恩'不'感恩'的?"李老师的观点很明确,意即教师教书育人是职责所在,不存在"感恩"之说。

"我们去商店买了东西,会对营业员'感恩'吗?我们乘坐了公交车,会对驾驶员'感恩'吗?当然,我们应该尊重每一个为我们服务的劳动者,这是教养,也是文明。但尊重不等于一定要'感恩'。"

李老师用词语"尊重"来类比对老师的"感恩",我不敢苟同。

我们首先有必要厘清"感恩"和"尊重"的区别。感恩，是对别人所给的恩惠表示感激。而尊重，则是尊敬、重视的意思。显然，这两个词语是有很大区别的。尊重可以是对长辈或领导表示敬意，也可以是出于礼貌和教养而平等对待别人，它没有包含得到别人的恩惠的感激之情；感恩则包含尊重之意，特别是因为受人恩惠而表达感谢。我们可以说人与人之间要相互尊重，但不能说人与人之间要相互感恩，因为感恩是有条件的。因此，便有了"受人滴水之恩，定当涌泉相报"之说。

李老师不是每次新生入学时都会给孩子们讲《一碗清汤荞麦面》的故事吗？对于母子三人，面馆老板如果只是对等地按售价煮相应分量的面条，买卖正常交易，当然不存在"感恩"之说，但事实是老板宁愿自己亏损一点，多加半把面条，给人以善意温暖，默默助力母子三人渡过难关，那就值得被感恩了。

同样，如果公交车司机发现车上有人发病，他立马进行急救，或在保证其他乘客安全的前提下，私自改变路线，冒着被其他乘客埋怨或被公交公司处罚，优先把病人送到医院，助病人渡过危险，那么他也是值得被病人感恩的。

反过来想想，父母在法律上就有抚养孩子的义务，是不是不要叫孩子感恩父母呢？军人保卫边疆，但也是领了津贴或工资的，是不是也不用感恩他们，认为他们是职责所需，应该流血牺牲来保卫我们呢？消防战士救火是不是也如此？甚至还可以这样说：这次新冠疫情暴发，党员冲锋在前，医护人员逆行而上，那他们就应该救死扶伤，我们也不用感恩吗？你别说，网络上还真有这样的论调。而我认为这种论调是不正确的。

当然，李老师要表达的肯定不是上述意思。"至于我做了校长并不要求我做的，比如带学生到处去玩，包括去探险，还给学生编了那么多的书，这些书和应试一点关系都没有，纯粹就是为了他们将来有充满人性的温馨记忆……这些事我愿意做是因为我觉得学生对我太好了，我心甘情愿要回报他们。"从这段话可以看出，李老师是有大爱之人。您的爱心融洽了师生关系。但这恰恰证明，您对学生是做了额外的付出的，是值得被感恩的老师，只是您不愿意被感恩而已。

虽然我们领了工资，但只要我们在工作时间之外还想着孩子们，陪着孩子们，帮助孩子们，引领着孩子们，那就超出了职责范围，孩子们有感恩之心证明接收到我们的爱，我们的教育是成功的。

其次，做学生引路人的好老师是值得被感恩的。教师这个职业是有别于其他职业的，是与人打交道、从思想上影响人的职业。它不是工厂按照模子造产品，而是与活生生的人进行交互，有着复杂性和变化性。思想是行动的先导，思想引领着行动，促使人的成长。

学生的成长、成功固然和他的家庭和自身天赋有关，但是老师作为学生成长路上的引路人，对学生思想引领的重要作用是不可抹杀的，往往这思想引领最为关键。因此，学生的成长、成功和老师分不开，学生感恩老师是应该的。

再次，感恩老师是有教育作用的。如果学生认为教师就是一个普通的职业而已，家长付了费、交了税，老师就得为我们服务，那这些学生肯定是不会尊重老师的。这对学生来说，对教育来说，无疑是一场灾难。如果学生和家长认为老师是知识的化身，是灵魂的工程师，并理解老师工作的复杂性、困难性，对老师的无私奉献心怀善意和感恩，那么师生关系、家校关系就会向好，教育工作也会好做得多。对于老师来说，他在课余时间、休息时间为学生付出很多，如果能得到学生和家长的理解，再苦再累都觉得值得，这样对教育工作的促进也是有好处的。

总之，我们可以不要学生感恩，表现自己的大度，但学生是应该感恩老师的，当然这里的老师是指做学生引路人的好老师。

不知李老师以为然否？

◎ 王丹凤

校长多谈心就一定要少听课吗？

李镇西老师曾在《我主张校长少听课，多谈心》一文中表达了他对于校长听课与谈心的看法。李老师的论点有四：第一，校长事务繁杂，要完成一定的听课量，不现实；第二，校长听不懂所有的课，听课浪费时间；第三，校长听课后的评价会给教师造成压力，很麻烦；第四，校长听到的课"非常态"，意义不大。

对此，我有不同看法，想和李老师商榷。

我认为，多谈心并不一定要少听课，听课也是谈心，听课也能促进谈心。不听课的谈心难以交心，只重视谈心的校长可能会扰乱人心。

对于校长要多谈心还是多听课这个问题，首先要明确校长的职责。《义务教育学校校长专业标准》中指出，校长是履行学校领导与管理工作职责的专业人员。苏霍姆林斯基在《和青年校长的谈话》中提到："一个学校的领导者，只有精益求精，每天提高自己的教育和教学技巧，把教育和教学，以及研究和了解儿童这些学校工作中最本质的东西摆在第一位，他才能成为一个好的领导者，成为一个有威信的、博学多识的'教师的教师'。"由此可见，教育教学的业务管理是校长履职的核心内容，即便校长有服众的人格魅力，没有专业水平，也会导致日常履职雾里看花。

现在，再来细品《我主张校长少听课，多谈心》中的四个论点——

其一，"校长事务繁杂，要完成每天或每周一定的听课量，是不现实的"。果真不现实吗？连听课时间都保证不了的校长到底在忙什么事务？学校校长的工作究竟在课堂之外还是课堂之内？我所了解的情况是，校长只需拒绝一次应酬就能多听两节课，少开一次无意义的会就有更多时间深入课堂。苏霍姆林斯基就指出："尽管校长有各种各样的工作，但应当把听课和分析课放在首要的地位。我给自己做出一条规定：每天内必须听两节课。"所以，不是现实做不到，而是不少校长不想做到，成了遗憾的现实。

李老师在文中提到，"将听课多少作为评价校长是否称职的主要指标，这一点值得商榷"。我不得不追问："为什么教育局要求校长听一定数量的课？"这恰好说明目前许多校长因为忙于社会事务不去听课，教育局不得不用行政手段迫使校长走向课堂，希望校长们都是教育教学的行家里手，自主将管理的重心下移，将阵地前推。

其二，"校长听不懂所有的课，听课浪费时间"。现在的中小学校长大多有本科学历或研究生学历，有的甚至取得博士学位，如果说连听中小学课程都困难，那教师们势必会质疑校长的能力。因为听不懂而不去听课，也说明校长没有学习的意识和能力，这样的校长怎么能带领一所学校发展？

校长听课并非像中小学生一样是从 0 到 1 的学习，而是需要其既有对知识的回忆与再现，也有对教学理念、方法、逻辑和情怀的观察与思考。听不懂不是理由，不会听才望而却步。

其三，"校长听课后的点评给授课教师造成压力，很麻烦"。"很麻烦"恐怕是少数校长对教师不切实际的揣测。对于一名想要实现专业发展的教师而言，没有谁不期盼得到校长的鼓励和指引。如果让教师觉得校长听课是麻烦，不是听课本身的问题，而是校长的姿态和水平出了问题。如果是不专业的指点，教师当然不会接受。即便是专业的指点，如果校长颐指气使，教师也会有情绪。如果校长心平气和、有理有据，教师都会欣然接受。

其四，"校长听到的课'非常态'，意义不大"。我亦不敢苟同。校长听到的课为什么"非常态"？这说明学校教风不正，也说明校长听课成为形式主义。你形式主义地听，就不要怪人家形式主义地演。

李老师在文中说："多谈心就是把听课时间省下来，用于和老师一对一地促膝聊天，聊教育、聊教学、聊读书、聊写作、聊社会、聊人生、聊教师某个值得反思的案例，聊学校管理还有哪些不足，聊教师最需要校长帮助的困难。"李老师的谈心当然有一定的引领效果，我聆听李老师的讲座就能获得前行的力量和智慧。然而，谈心绝非万能，并非每个校长都有李老师那样的谈心能力。校长不深入课堂、不了解师生、不与教师零距离接触，谈心的基础与桥梁何以建立？不听课，谈心是无源之水；只谈心，谈心会成为无根之萍。

仿照文中四个论点，我也有四问：第一，校长没时间听课，是否就有时间谈心？第二，校长听不懂所有学科的课，是否就一定了解所有教师的心理？第三，校长评课会给教师造成压力，是否谈心就不会给教师造成压力？第四，校长听到的课"非常态"，是否谈心的内容就一定是常态？听的课如果有表演，谈的心也一样有装饰。

恕我直言，李老师这个观点的要害，是把听课和谈心对立起来了。然而，二者并非是对立的。

听课是谈心的前提，是了解学情与教情最有效的途径。听课也是谈心，听课还能更好地促进谈心，听课能让教师更愉快地接受谈心。不听课的校长给人的印象必然高高在上，不会听课的校长会让人觉得校长是外行。听课听少了，校长会和教师、学生的距离渐行渐远。听课既是学习也是调研，还能促使校长自省。听课，不仅是管理的重要手段，还是校长自觉学习、自我提升的重要保证。

李老师不是非常敬仰苏霍姆林斯基吗？那我们一起来听听苏霍姆林斯基是怎么看待校长听课的——

"课，就是教育思想的源泉；课，就是创造活动的源头，就是教育信念的萌发园地。"

"如果校长能对课堂教学进行深思熟虑的分析，使之得到不断的改进，那么整个学校的教育水平就能提高。"

"教师集体和学生集体的智力生活是否丰富，教师的教学技巧是否高明，学生的需要和兴趣是否多样和广泛——都取决于校长的听课和分析课是否有高度的科学水平。"

"校长去听课和分析课，不只是为了给教师一些东西，提提建议而已。学校是个教育实验室，在那里，教师在进行创造性的工作，相互之间每天在进行精神的交往。对那些有经验的教师，校长应当多去听他们的课，为的是把他们个人创造的一切有价值的东西都吸取过来，变为全体教师的共同财富。"

"听课和分析课，应当贯穿学期的始终。它不仅有助于校长对学生知识质量做出估计，而且可以使他看出教师能否拟定进一步改进自己的创造性实验的途径。"

"系统地分析课之所以有必要，是为了看出和理解各种教育现象的实质及其因果联系。校长应该系统地听课，即听一个教师在一个课题下和一个章节范围内所上的一系列课。这样系统地听课和分析课，将有助于校长对自己提出的意见和建议所产生的效果和实际作用做出判断。"

苏霍姆林斯基、杜威、陶行知等大教育家都曾创办过学校，并扎根课堂进行实验，将自己的教学理念、办学思想与教育现象紧密结合，开展深入的研究。当前，我国许多卓越的校长也十分注重课堂教学研究，并在课程与教学改革等领域产生广泛的影响。

我不是校长，可我希望校长不仅要喜听课、多听课、善听课，还要亲自上课。通过上课，了解学情与教情，让自己跟得上课程改革的步伐，把握课程改革的发展方向，迫使自己与时俱进。通过上课，反思自己的教育理念与方法，感染和鼓励身边的老师。

听课既是听人，也是听心，更能促进情感交流。走进课堂，深入一线，教师才会和校长心连心。多听课，才有谈心的基础；会听课，才有谈心的深度。听课与谈心交相呼应，教师和校长才会一条心。

我是在李老师的影响下成长起来的，我对李老师的敬佩是发自内心的。但"吾爱吾师，吾更爱真理"，我直言不讳地和李老师商榷，提出不同看法，这也是我对李老师真正的尊敬。

◎ 沈略

不必一概拒绝"模式化"

李镇西老师认为,尊重每一个服务对象,根据不同服务对象的不同特点而提供"私人定制"的服务,那么这一锅小灶菜,怎么也得慢工出细活,对火候的拿捏一定要精准,岂能搞成模式化呢?李镇西老师旗帜鲜明地反模式化,弥足珍贵。

要为学生提供"美食",名师对火候的拿捏已是妙至毫巅,那么,"沉默的大多数"的非名师,莫非要端出一碗"夹生饭"?名师诚可贵,非名师价不高,但是学生遇到名师和非名师的概率,哪一个更高?我想,答案显而易见。

在李老师的微信公众号"镇西茶馆"推送的每一篇文章末尾,都有四篇固定的文章,第一篇《直言不讳答网友:我不会接受任何道德绑架》统一回答了九个订阅者最关心的问题。第一个问题就是"您为什么不解答网友求助问题?"摘录列举的部分问题如下:

"李老师,我最近要参加市里的赛课,我该注意一些什么?"

"李老师,我是刚参加工作的年轻人,请给我推荐一些书,好吗?"

"李老师,我学校的校长在管理上缺乏人文关怀,我该怎么办?"

"李老师,我是一位中年教师,有些倦怠,您能给我提点建议吗?"

"李老师,昨天批评一个违纪男生,结果他顶撞了我,您说我该怎么办?"

"李老师,我班上有几个学生老爱迟到,我应该怎么办,您能给我一些有效建议吗?"

可以看出,提问者都是对某些具体的教育问题苦恼已久的教师,其中不仅有青年教师,还有处于职业倦怠期的中年教师。是什么原因促使这些可能与李老师素未谋面的非名师怀着一颗真诚的心来求助呢?或许是现实中,没有人帮他们解答这些问题,他们也不知道从什么途径解决问题更有效。

据教育部官网数据显示,2019年,义务教育阶段专任教师1001.6万人,比上年增加28.6万人,增长2.9%。这么多新入行的教师,如何快速适应职业生活?这的确是个不小的挑战。

因此我认为,对于没有经验的教师来说,搞点模式化又何妨?

不知道如何上课,学校利用教备组磨一磨课,掐准时间,一节课完成起承转合又如何?毕竟新手上高速路,还需要老司机随车监督。我曾听说,成都某所民办名校,每一位老师上课不仅进度一致,连上课提什么问题和何时提问题,都精准到某一分钟。如此模式化,可谓新手的福音。

不知道读什么书,其实是不知道读什么书更好。书海无涯,选择书籍也是一门学问,但是读书亦是众口难调,写一个必读清单又如何?校长没有人文情怀,那么利用制度模式化,引导教师做好自己的本分,这又何尝不可?每一个人都乐业,才是教育人共同奋斗的目标。

这不是平庸，而是平稳。当寻名厨私房菜而不遇，走进一家肯德基快餐店，点一个双层牛肉汉堡，大快朵颐之时，就会发现，每一家肯德基的汉堡，差不多都是这个味道，谈不上惊艳，但能饱腹。这就是管理的力量，这就是模式化生产的力量。

如果每一所学校的"沉默的大多数"习得一手好教艺，那么当学生走进任何一所学校，都能接受到优质教育，这才是真正的均衡教育。

安得"牛校"千万间，大庇天下学子俱欢颜。因此，我想对李老师说，为了绝大多数教师能够拥有基本而有效的教育技能，不必一概拒绝模式化。

每一个人的内心深处,都潜藏着一个卓越的自己。所谓成长,就是一直怀着纯真的初心,不停地『雕琢』自己。任何一位老师都可以用米开朗琪罗的智慧和双手,把自己雕琢成『大卫』。用一生的时间去发现那个让自己吃惊的『我』!

「第六辑」

李镇西说

◎ 李镇西

决定人生高度与事业境界的究竟是什么？

你工作已经快十年，但感觉自己依然没有达到应有的高度。对此你很烦恼，问我人生与事业的最高境界究竟是什么。从你的烦恼中，我看到了你理想不灭。作为一个老教师，我在年轻时也曾有你这样的烦恼。现在我愿意谈谈我的看法。

人生在世就几十年，先不说理想呀、使命呀，至少我们应该让我们自己每天都尽可能快乐、有意义，让我们的职业成为尽可能体现我们价值的载体。如何把自己所从事的职业尽可能做好？或者说，决定人生高度与事业境界的究竟是什么？我认为——

第一个是技术。各行各业都强调"技"，因为这是一个人的饭碗，所谓"一技走天下"。一个工人，如果他的技术比别人精湛，他就会引人注目、受到奖励、赢得荣誉；一个农民，如果他农活比别人熟练，他就能多收获粮食、被人尊敬。同样的道理，在学校，你的教学技能强、教学水平高，那自然就胜人一筹。再说通俗些，技术的比拼，就是分数的竞争，谁有本事把分数提上去，谁就是强者。如何围绕提高分数而各显神通，这就是本事，就是技术。在这里，我说技术和分数，没有贬义。无论做什么，技术都非常重要。因为技术里面包含着能力，通过技术可以提高业绩，而从学校的角度说，通过技术提高分数，理所当然。如果一个老师连基本的教育技能都缺乏，连学生的成绩都提不高，那就是失职，或者说不合格，再说严重一些，就是对不起孩子！因此，无论怎样抨击应试教育，应试训练本身不但无可厚非，而且是必需的！一个上课精彩而应试成绩也很突出的老师，理应扬眉吐气。

第二个是人文。刚才说了，无论做什么，技术很重要，但如果仅仅停留于技术，其发展也是有限的。比如我和一位老师同教一个年级，我俩的课都上得好，也就是说我俩的教学技艺难分高下，同时我俩各自教的学生都考得不错。在这种情况下，我们还比什么呢？那就比"人文"，也就是说，比技术的人文含量。从教育来说，不仅仅是抓分数，而且在抓分数的过程中，还有情感，还有智慧，还有素质，这就是"人文"。以课堂为例，有两位老师的教学思路都很严谨，知识讲解都很清晰，但一位老师仅此而已，其教学效果也就是高分数而已；而另一位老师则还能旁征博引、妙趣横生，学生在课堂上不仅学到了知识、锻炼了能力，还陶冶了情操、拓宽了视野、激发了想象、萌生了理想、体验了快乐——用新课改比较时髦的话语来说，就是还给了学生以"情感、态度和价值观"，这就是素质教育。而素质教育，就是充满人文精神的教育。当然，课堂的人文气息源于教师自身的人文素养。大家的分数都不错，但你的分数里面蕴含素质；大家带班都不错，但你的班主任工作充满人性，那你就比单纯有技术的同行更优秀。

第三个是思想。应试教学也好，素质教育也罢，如果不是出自自己的思考，而仅仅是听命于校长的指挥，听命于专家的理论，那不过是在实践别人的想法。应该看到，相当多的一线教师每天都在机械地重复"昨天的故事"，更多的是体力劳动。其工作缺乏思想的含量。我们常常赞美一位教师："这是一个有思想的教育者！"在我看来，这是很高的评价。所谓

"思想"并不抽象，也不高深，说白了，就是我们在做每一天的工作时，在做每一件事的时候，有没有想想：我为什么要这样做？这样做对不对？我将把学生引向怎样的未来？我的教育人生究竟追求什么？我的终极目标是什么？等等。自由的灵魂、批判的精神、质疑的眼光、创新的勇气，就是我所说的作为一名基层教师的"思想"的标志。我们每天都在匆匆赶路，有没有暂时停下来对自己每一天的工作乃至教育细节进行反思，同时也尽可能思考一下"形而上"的问题？一个人的思想当然源于实践，但也和他的视野有关，这里的"视野"主要包括阅读——读书，读报，读网，读脑（与人交流）。国内思潮、国际风云，都在自己的关注之内。如果给自己教育注入了思想，也就提升了教育品质，你的教育自然就比别人有更高的境界。

第四个是信仰。所谓"信仰"解决的是这样一个问题：每天从事的工作是为别人做，还是为自己做？是别人对自己的要求，还是自己内在的需要？最近看电视剧《身份的证明》和《悬崖》，我从瞿皓明和周乙身上感到了信仰的力量。"富贵不能淫，贫贱不能移，威武不能屈"，这就是信仰。我们对教育有没有这样的信仰？所谓"信仰"，我们还可以换一个词，叫"理想"。现在这个词已经是贬义词了，如果有谁说他有理想，多半会被认为"有病"，而且"病得不轻"，或者是"假得很""装得挺像"。但是，有理想的人做教育会有一种内在的坚韧与执着，他不会因任何外在的干扰而懈怠，也不会在乎别人的褒贬和一些功利的评价。苏霍姆林斯基长期在远离喧嚣的乡村实践着自己的教育理想，即使在面对各种恶意、非议的时候，他也没有动摇自己的意志，因为他有教育信仰！教育技巧、教育素养、教育思想，都比不上教育信仰更能让人持久地坚守自己的教育阵地，只有教育信仰能使人保持教育良知，守住教育阵地，让教育之旅无限地延伸。

第五个是人格。这个世界上不乏聪明绝顶的人，但有的人聪明却不善良,他把聪明用于算计,用于钻营,用于投机,甚至用于整人害人,等等,而且能够获得小成功——也就是"小成功"而已。其实,人与人竞争到最后,什么聪明呀,什么技巧呀,什么智慧呀,统统算不了什么!归真返璞,洗净铅华,最后剩下的是朴素人格的较量——善良、宽容、豁达、坚毅、淡泊……随时想着别人,随时成全别人,"让人们因我的存在而感到幸福""己所不欲,勿施于人""己欲立而立人,己欲达而达人""以其不争,故天下莫能与之争"……这些都成为自然而然、毫不做作也毫无功利的生活状态。不以任何人为敌,便天下无敌。说到这里,我脑海里呈现出了很多我尊敬的人——朱永新、朱小蔓、杨东平、于漪、钱梦龙、李吉林等,他们之所以能够成为中国教育的大家,当然和他们的智商、能力、学养有关,但最后决定他们成为大家的是他们纯真而纯粹的人品。我也可以反过来说,如果没有一种高尚的人格,无论怎么聪明,无论暂时有什么"名气",最后也是绝对走不远的。

我还想强调的是,上面说了人生和事业应该具备五个要素,尽管我用了"第一""第二"这样的序数,还用了"层次"这个词,但这并不意味着这五个要素有先后之分、次第之别。我只是从重要性的角度排列了第一第二,但绝不是说先追求技术,次追求人文,再追求思想,后追求信仰,终追求人格。这五点对于我们来说,应该是同时追求的,最好是同时具备的。如果一定要说什么是首要的,那还是人格。傅雷当年给傅聪的信中这样写道:"先为人,次为艺术家,再为音乐家,终为钢琴家。"

今天给你说这些,绝不是意味着我在这些方面做得非常好了,不是的。比如,在教育信仰方面,我还不敢说自己有多么坚定,我也有彷徨的时候;在人格品质方面,我也还有很多需要继续修炼的地方,我当然善良,但有时候在疾恶如仇的同时,又有失宽容。所以,我在给你说这些的时候,也是对自己的提醒。

◎ 李镇西

你还可以更幸福——写给一位年轻的班主任

你工作已经八年，说起来还算青年教师，但恕我直言，我感到你的心已经开始老了。别不高兴我这样说，既然和你推心置腹地谈心，我就得说我的真实想法。那天在校园，一个学生对你说"老师好"，你漠然地爱答不理，脸上没有笑容，更没有回礼说"你好"，只是若有似无地点了点头。你想想，如果八年前你第一次来到学校，迎面而来的学生叫你老师，向你问好时，你会是怎样的激动？你会有一种自豪感："哦，我是老师了！"这份纯真的感觉，是从什么时候失去了的？或者说，从什么时候开始，我们面对一个个学生，面对一堆堆作业本，面对教材，面对备课本，面对家长……我们开始厌倦了呢？每天早晨被闹铃吵醒，真不想起床呀！想到又是一天艰辛的重复性工作，实在是心烦；可是，如果时光倒流到参加工作的第一天，早晨醒来，一想到那紧张而充实的教育生活，那活蹦乱跳的孩子，以及孩子们脸上那天真烂漫的笑容，我们是怎样的期盼？又是怎样的精神抖擞？

在我看来，持之以恒乃至十年几十年如一日地保持第一次踏上讲台的那份纯真与激情，是优秀老师之所以"优秀"的第一条件，也是我们获得职业幸福的最重要的因素之一。

是的，如你所说，你的确遇到了很多很多困难，这些困难是你参加工作之初没有想到的。你说，读师范的时候，你想到过学生的调皮，想到过上课的挫折，甚至想到过被学生气哭，但就是没有想到，在应试教育的铜墙铁壁面前，曾经有的教育理想是那样的苍白无力！你读了很多教育理论著作，包括读了我的书，可是面对现实，面对学校和上级的这个"不准"、那个"不准"，还有上面对"教学质量"的任务和指标，你感到自己被逼到了教育的悬崖绝壁，除了拼命抓分数，别无退路，可要命的是学生却不争气，一次次让你失望乃至绝望，于是你气不打一处来，什么"教育的本质是对人性的尊重""教育是心灵的艺术"……这些从书本上学来的当初自己深信不疑的东西被统统抛到脑后！于是，你不得不退缩，向你过去所不齿的"野蛮教育"缴械投降。于是，你很累，你不停地喘息，有时还感到窒息。

我不想给你讲什么大道理——你不是说你已经看了很多书了吗？我只想说，这一切就是"教育本身"。教育的复杂性、教育的艰巨性，以及教育过程的不可预测性……都在其中了。但是，教育的挑战、教育的智慧，还有你所期待的也就是我经常所说的"教育的幸福"也在其中了。打个不太恰当的比方，就像你爱上一个人，结了婚，你爱上的就不只是爱人的优点，包括爱人所有的缺点也接受了——甚至爱上了。从来就没有一个抽象的只有优点的爱人等待着你去爱。你爱的是一个完整的人！如果你打定主意和"教育"这个爱人厮守一辈子，那一切都是你的选择。否则，干脆"离婚"，而且趁早。

你可能会说："李校长，你说的我都同意。但你说了半天，并不解决我的实际问题呀！"

错了，问题只能你自己去解决。我只能帮你分析，我可以建议你改变思维方式，拓展胸襟与视野，调适好心态……可最终问题的解决还得靠你自己。关于"理想与现实的冲突",我很有共鸣。我也是从年轻时代走过来的。你说的一切我几乎都遇到过。其实,凡是有理想、有良知的教师,都曾感叹:"面对现在的教育现实,要实现自己的理想,简直就是戴着镣铐跳舞!"我们的失望乃至绝望,很多时候是因为我们欲打碎"镣铐"(彻底改变教育体制)而不得。其实,这里应有一个思维方式的转换:作为一个基层的教育者,无论校长还是教师,要打碎"镣铐"是不可能的,这也不是我们的任务与使命;既然"镣铐"不可能打碎,甚至卸下"镣铐"都不可能,那我们要思考的就是,如何在"镣铐"的束缚之下把舞跳得相对自如一些,甚至优雅一点。作为校长,我无法改变大的教育现实,但我想的就是如何在现有框架下,尽可能做一些自己可以做的事。比如"新教育实验"所倡导的"六大行动",我是可以做的——我们的书香校园不就建起来了吗?这和所谓"体制"不冲突啊!还有我狠抓教师队伍建设,采取一些激励措施提升教师素质,这也和"体制"没有直接的冲突。没有"镣铐",我也许可以实现我教育理想的百分之百;戴上"镣铐",我却只能够实现我教育理想的百分之十甚至更少,但总比一点都不做强吧?你作为一名教师,考试制度无法改变,教育评价无法改变,教材无法选择,学生无法选择,但是教育教学过程的手段、方法、技巧以及你走进学生心灵的路径、方式却是可以改变或选择的。给你一个班,作为班主任,在不违背上级总体要求的前提下,如何让这个班充满生机、富有特色,尤其是对孩子富有吸引力,给孩子的未来留下温馨而富有人性的记忆?在这些方面,你都不是一点创造的空间都没有的。从某种意义上说,在现行教育体制下,真正的教育艺术,就是"戴着镣铐跳舞"的艺术。在与应试教育的"周旋"("周旋"就包括了应对与超越)中形成自己的教育个性,就是我们的教育大智慧。著名的教育家魏书生老师,不就是在应试教育的荆棘丛中走出了一条符合自己个性的路子吗?他是我们这个时代的最杰出的教育舞者之一。

真不是当面说你好话,你的确相当有潜力——具备了成为优秀教师的潜质。但我现在对你并不满意,或者正面说,我对你的期待依然强烈甚至焦灼。不是说你现在就是不好的老师了,其实你现在也是不错的——尽管你现在有着明显的职业倦怠,但你依然尽心尽责,遵循教育教学常规!如果你本人的素养能力只能这样了,那我也就认了。可你明明可以更加优秀啊!你也许会说:"我不追求什么'优秀',平平淡淡才是真。"你又错了,我说的"优秀",不是说你一定要"出人头地""名扬四海",而是你要让自己每一天的工作乃至你的人生更加有成就感,更加有滋有味。这里的"优秀"不是"对外",不是你要做给别人看,而你要对得起你自己,是"对内",对自己的心灵世界。即使同为蜗牛,一只每天只在地上爬,另一只坚持不懈爬上金字塔顶,这两只蜗牛的感觉绝对不一样。何况我们不是蜗牛,我们是人,是有尊严的人!如何赢得自己的尊严?尊严就在每一天平凡的工作当中。再说了,我们通过优秀的工作赢得世俗的名利,也不可耻呀!这本身也是我们价值的标志。如果你真的做出了实实在在的成就,产生了社会影响,各种名利自然会来找你:"特级教师"呀,"教育专家"呀,"全国模范"呀,"特殊津贴"呀,等等。到时候,你也不要觉得不好意思:靠自己的人品、良知、辛勤、智慧让自己增值,有什么不好意思的?你应该感到光荣与自豪!当然,哪怕这些都没有,也不要紧:我不"杰出",但我很幸福啊!和现在相比,你完全可以更幸福的。

按世俗的观点看,我现在"功成名就",我再怎么干,也很难再得到什么了;当然,我只要不犯错误,哪怕平庸一些,也不太可能失去现有的什么。那我何苦还要当这个"吃力不讨好"的校长呢?并没有谁端着枪逼着我当校长呀!这个校长完全是我自己想当的。因为我总想不断地挖掘我的潜力,我总想不断挑战自己:看我在教育上能够走多远。我对我这个校长定了一个成功的标准:那就是教师的成长乃至成功。无论做班主任还是语文教师，我算是有了较大的成就感。但是我还有一个最后的梦想：就是希望在我的引领下，能够有一批甚至一大批教师成长起来，成为真正幸福的教师！到这个学校来当校长三年多，已经有不少老师让我感到了信心，看到一些平庸的老师越来越出色，我发自内心地感到欣慰。开学这几天，老师们的精神面貌明显发生了可喜的变化，我非常开心。老师们给了我越来越坚定的信念：要无限地相信老师的潜力！那天晚上在网上和一个老师聊QQ，这个老师说了一句话："老师要以发掘学生潜力为工作的一个重点，要以伯乐自居。"我马上说："我俩在不同的层面上，遵循同一个道理。你是老师对学生，我是校长对老师！"这个老师接着说："也许，你错过的是一个有潜力的学生。但是如果缺少老师的发掘，这个学生也许就错过了自己的一辈子！"这话说得真好！我立刻仿照这句话回复过去："也许，你错过的是一个有潜力的老师；但是如果缺少校长的发掘，这个老师也许就错过了自己的一辈子！"你就是我"发掘"的对象，呵呵！你的成长，就是我的成功！我期待着你不断给我当校长的成就感。

从你同样真诚的眼神中，我相信你已经体会到了我的苦心。既然你接受我的这些观点，那我以后就要"逼"你了——在继续严格要求做好各项常规工作的同时，我还要逼你思考，逼你读书，逼你写作，逼你上网……你做得好，我会在大会上表扬你——不要怕我表扬你啊！但你如果犯了错误，我也会批评你，甚至把你骂得狗血喷头！当然，如果我做错了，你一样可以当面批评我，当面骂我。但请记住，即使我和你吵架，我也永远不会失去对你的信心。

总之，我会随时关注你的，永远做你事业上的精神支柱。你有了什么困难，随时可以找我。我就是你的"110"。

◎ 李镇西

胸襟再开阔一些

　　看了你最近发表在某报的一篇谈成长经历的文章，我有些不安。

　　作为现在小有名气的青年教师，你的自豪我非常理解，而且我也很钦佩你的教育追求，甚至为你在成长历程中追求理想而百折不挠的精神所感动。你在叙述你刚参加工作时，用了不小的篇幅说你先后经历的校长对你的"压制"以及你的"抗争"。你很单纯，我相信你在"控诉"这几位校长的时候，主观上并没有想过要贬低他们，你只尽量客观地讲事实，以展示自己的"不容易"而已。但是，你现在是有一定影响的教坛新秀了，别人看了你这篇文章会怎样想呢？噢，你现在功成名就了，那几个曾经压制你、阻挠你的校长至今还在乡村学校，你可以以胜利者的姿态去傲视甚至蔑视他们了。而且，你说那几个校长当初如何"跋扈"、如何"霸道"，都只是你的一面之词——也只能有你的一面之词，因为那些乡村校长不太可能和你一样有机会发表文章，用比较时尚的术语说，没有你现在拥有的"话语权"。你现在说的话媒体可以为你放大很多倍，扩散到很远很远，而他们的声音根本传不出小山村。这对他们来说是不公平的。因此，你这样说，实际上损害的是你的形象。

　　千万不要误会，我不是要教会你圆滑世故，不是让你说句话、写篇文章都要考虑别人如何想。其实，即使曾经压制过你的那几位校长不可能看到你的文章（对于身处偏僻乡村的他们来说，这种可能性很大），你也不该这样写。这不是文风问题，更不是处世方式问题，而是胸襟和境界的问题。

我不是说你说的那些校长没有错，我相信你说的都是事实，我相信那几个校长的确思想僵化、心胸狭隘、作风霸道——只是我不相信他们会有意"整"你。我表达的意思是，对你来说，这么多年过去了，如何看待你曾经的曲折经历？如何对待那几位校长？这体现出你的成熟程度，更考验着你的境界，而这种成熟和境界，将决定你最后能够走多远。

刚才我说了，我不相信校长会有意"整"你。的确如此，无论他们如你所说是多么"呆板可笑""嫉妒心特别强"，我都认为，一个校长还是希望学校好，还是希望年轻教师优秀——至少他们第一次和你见面，是不太可能对你有什么成见的。当然，随着时间的推移，工作中的争论、摩擦乃至观念冲突是可能的。但我们不能动辄就把自己和校长的矛盾往道德上去靠，把校长想得那么"坏"。我也不否认的确有极个别的如同土皇帝一般的乡村校长，但你怎么连续调几所学校，都遇到"坏校长"，你的运气怎么就那么糟糕？这究竟是校长的原因，还是你的原因？我认为都有，但对年轻教师来说，还是应该反思一下自己。

我经常收到不少年轻老师的来信，诉说自己的苦恼——校长观念陈旧、思想保守呀，理想不被校长理解呀，校长处处给自己设置障碍呀，等等。我想到我的经历，在我成长历程中，也经历过好几位校长，也曾有过"成长的烦恼"。这里，我给你讲讲我的故事吧！

我最初参加工作的那几年，和你一样非常纯真，只想着把班带好，把课上好。我脑子里面有许多想法，身上洋溢着永不消退的热情：把学生带到大渡河边上作文课，语文课上给学生读小说，给作曲家谷建芬写信请她给我们"未来班"谱班歌，假期带着孩子全国各地去旅游，甚至还和学生一起去原始森林探险……校长一方面赞赏我的工作干劲，同时也提醒我不要"太理想化"，还有个副校长甚至语重心长地提醒我："不要和学生太随便了，要注意你毕竟是老师！"开始还是好心地劝说，因为我很固执，所以后来便发展为面对面的冲突。

有一次期中考试，学校为了防止作弊，要求每班都安排一半学生到另一个年级的教室里去考试，即所谓"混班交叉考试"。但我坚决不从，我觉得我班学生早就可以不需要监考老师而实行无监督考试了，如果我按学校的要求做，那简直是对我班学生的不信任甚至侮辱！我和校长吵了一架，硬是没有让我班一个学生到外班去考试——也就是说，那次考试，只有我班学生是整整齐齐坐在本班教室考试的！

不能说我当时没有委屈感，但过后我冷静一想，校长和我的冲突，并不是校长要和我这个人过不去，而是认识上的分歧：校长考虑问题的出发点是防止作弊，而我则首先想到的是相信学生并保护学生的自尊心。而且，这种思考问题的角度不同，说到底还是因为各自所处的位置不同：作为一校之长，校长更多的是考虑全校的考试秩序，考虑如何防止大面积作弊现象的出现；而我作为一个班主任，则只考虑我班上的学生的童心如何不受伤害。这事如果放到现在，我会服从学校大局的，同时我会给学生解释，学校这样做是统一部署，而不是对我班同学不信任。事后我也会认真地向校长阐述我的想法：不能因为极少数人作弊，就不信任绝大多数学生；要尽量避免在防止个别人作弊的时候，伤害大多数学生的童心；有时候信任学生恰恰是防止作弊的方式之一。放弃和校长正面冲突而和他多沟通，我这样做不是圆滑，而是真正的理智和成熟。

类似的冲突还有很多，现在想来，正是这些冲突以及冲突后的反思，让我成长起来。前不久一位记者去采访乐山一中原老校长，老校长对记者说："刚参加工作那几年的李镇西，就像《亮剑》中的李云龙一样，优点突出，缺点也不少。让我又爱又气！"说实话，当初我是恨过老校长的，但现在我发自内心地感谢老校长对我的一次次敲打。

后来我调到省城一所中学，也和校长发生不少冲突。比如，我带班一直致力于培养学生的自我管理能力，所以特别不接受学校要求班主任时时"到场"守着学生；又如我的作文教学提倡教会学生修改作文，因此自己经常不批改作文……这些"改革"举措会遭遇学校管理层怎样的批评可想而知。但我那时候已经比在乐山一中成熟多了，我比较能够理解校长的难处——如果他"放纵"了我，也许真有不负责任的老师就会钻空子，打着"改革"的旗号放任学生自流。所以，我没有埋怨校长不理解我，而是做出了成绩，让校长放心，并给我"特殊政策"允许我进行"教改实验"。我真感谢校长！不过我觉得从某种意义上说，这些"特殊支持"是我的成熟和成绩赢得的。那年带高三，我班的高考成绩可以说是异常辉煌。试想一想，如果我一开始就和校长吵架，同时我的工作成绩一塌糊涂，那校长是永远也不可能支持我的。

用一般人的眼光看，这位校长后来挺对不起我的——当然，也有人认为是我对不起他。是在那所学校工作六年半之后，我因故要求调离学校，而校长坚决不放人。但经过一番"挣扎"，我最后还是离开了学校。他的愤怒可想而知。于是，以前他对我的所有欣赏，都变成了对我的鄙视。他在不同场合说了一些比如"人品很差"之类对我很有伤害的话。但我始终保持沉默，至今没有说过一句他的不是。我总是这样想，不管怎么说，他是有恩于我的，是他把我从小地方调进省城，给了我一个更广阔的发展空间，我没有理由恨他。他的年龄，他的经历，他在特定时代所受的教育使他形成的观念，都决定了他必然把我当作他的"私有财产"，认为我应该终身效命于他；而我一旦要求调离，他自然认为我"忘恩负义""翻脸不认人",气愤之中,说一些难听的话,我完全理解。因此,虽然他后来很长时间根本不理我,我照样在每个元旦前夕给他发贺年卡,每次我出版了新书都给他送去——尽管每次他都不那么热情,让我很尴尬。每当听到有人给我转述他说我的坏话,我总是想他曾经给我的支持,想我第一次到学校时他亲自抱着我的行李包一步一步走上五楼休息室的情景;我总是抱着一个信念:老校长毕竟是一个好人,他总有一天会理解我并原谅我的!果然,十多年后的一天,他突然来电话向我问好,听着他的声音,我有些激动,声音发颤:"老校长,谢谢您的宽容!您多保重身体!"从那以后,好几天我心情都特别舒畅,因为这个世界上少了一个恨我的人,何况这个人是我事业的恩人!

其实,我的经历中也的确遇到过个别曾经给我穿小鞋的领导,但我依然感谢他,因为正是有了他对我另一种意义的磨砺,我的性格才会更加坚韧,我才会有了今天的一些成就。从这个意义上说,"感谢折磨你的人"这句话真是有道理的。

"只有大胸襟,能够做大事业!"我想到了我的导师朱永新老师这句话。朱永新老师作为现在国内知名度极高的教育专家,以他的个人魅力和教育思想影响了许许多多教育者;同时他又是全国人大常委、民进中央副主席。在旁人看来,他的事业无疑是很成功的。但我认为,朱老师首先是做人的成功——而在他的做人之道中,最重要的是他胸襟博大。在苏州大学读博的时候,我就从师兄的口中了解到,朱老师的豁达大度是他所有的同事和学生都很佩服的。他不是没有遇到过挫折和刁难,但正是这些挫折和刁难拓展了他的胸襟。他做教务处长的时候虽然把苏州大学教务处建设成为全国最好的大学教务处,受到教育部的表彰,但是有人不理解他、不支持他,甚至还打击他。然而他不但没有与这些人发生过冲突,还使这些人最终成了他的好朋友。当年评副教授的时候,尽管朱老师学术成果显赫，但因为年轻，所以被一位信奉"论资排辈"的领导压制，坚决不同意破格聘任朱永新为副教授。几年后，这个领导"倒霉"了，"下课"了。有人来向朱老师调查那人的情况，朱老师不但没有落井下石，反而说那人的好话。后来，朱老师还专门到那人的家里去看望他，安慰他，让他非常感动。朱老师就是以这样宽阔的胸襟赢得了几乎所有认识他的人的由衷尊敬，他的新教育事业因此而越来越兴旺。朱老师常常告诫我们："要学会做学问，首先要学会做人，而做人首先要学会与人相处，要与人为善，要豁达大度，要以德报怨，你最终才能有所成就。"

　　听我啰唆了这么多，不知你是否有所共鸣。你换一种眼光，重新看你在文中所"控诉"的那几个校长，可能会有新的感受。作为一个男子汉，你要尽可能善待一切人，包括忍受各种委屈，须知男人的胸襟就是被各种委屈撑大的。我不是说无原则地逆来顺受——如果真的事关原则，那还得按规则办，包括通过法律解决问题；问题是，生活中哪有那么多的"原则问题"？很多时候，事情的大小完全是我们自己的心态决定的。现在很多看来令自己咬牙切齿、让我们"实在咽不下这口气"的人和事，再过50年，当我们白发苍苍的时候再看，真的是微不足道，如烟如风而已。我越来越觉得，人与人之间的距离，说到最后就是人格的距离，其中胸襟便决定了我们人格境界的高下。斤斤计较于一些不平事，耿耿于怀于一些"整"过自己的人，在事业上无论如何是走不远的。教育需要一种平和的心态，教育者需要一种宽阔的胸襟。我特别喜欢苏东坡《定风波》中"竹杖芒鞋轻胜马"的从容闲适，"回首向来萧瑟处，归去，也无风雨也无晴"的豪迈恬淡，这应该成为我们教师的常态。你说呢？

◎ 李镇西

是否还保持着最初的童心

从教整整33周年了,至今还记得我第一天走进乐山一中校园的情景。

那天早晨,我很早就起来了,骑着自行车来到校园时,大多数学生和老师都还没到校呢!我一个人站在操场上,有些激动,仰望天空那朵朵花儿一般的朝霞,觉得整个世界都在张灯结彩祝贺我这个新老师。我想,我就要在这里开始我的教育人生了,在这所学校,我也许会工作几年,也可能是十几年几十年,直至退休。当然,也许我会中途调离,但我这一辈子都会做教育,这是毫无疑问的。

学生们陆陆续续进校了,我朝教室走去。"老师好!"一个声音响起。我没有反应。继续朝前走。"老师好!"声音大了一些,我仔细一看,是迎面而来越走越近的一个男孩发出的,他分明是在叫我。啊?原来是在向我问好啊!我赶紧很认真地大声回道:"你好!"

这是我听到的第一声对我说的"老师好",那份激动我至今还清楚地记得。这声问候提醒我,我已经是老师了,以后所有学生都会对我说:"老师好!"那一刻,我的眼前春暖花开。

33年后的今天,我问自己:"我还保持着最初的童心吗?我现在已经是许多人眼里的所谓'专家'了,可是,我内心深处还拥有当年第一次走进校园踏上讲台的那份纯情、那份憧憬、那份真诚吗?"

然后,我又无愧地回答:"是的,我依然保持着!"我为此自豪。

那年,我请北京的著名小学语文特级教师王文丽老师来我校附属小学讲课。刚走进校园,一群孩子看见我,便飞奔着向我跑过来,一边跑一边叫:"李老师,李老师……"跑近后,也没有什么事,就往我怀里钻,在我身上蹭,嘻嘻哈哈,叽叽喳喳。当时王老师说:"李老师,孩子这么喜欢你啊!你看,一见了你就直往你怀里扑啊!"

孩子们喜欢我,是因为我也很喜欢孩子们。而这种喜欢正是我当年踏进校园最原始、最朴素的原因。30多年后这份情怀依然存在,我很自豪。

无数人问过我:"李老师,你有没有职业倦怠的时候?"我说:"如果我说我也有过,你们可能会觉得我很真实,会认为李老师是人不是神,但那恰恰不真实,因为真实的情况是,我从来没有产生过职业倦怠。我知道现在有人也许也认为我的答案很假,但我必须诚实。"

随时都和天真无邪的孩子们在一块儿,这是何等的开心!从事如此开心的职业,怎么会倦怠呢?

怕就怕本来一颗纯净的心渐渐蒙上灰尘。工作第一天,面对孩子们叽叽喳喳的"老师好",你会感动,会欣喜,进而也激动地大声回应"同学们好";但十年之后呢?同样是面对孩子们叽叽喳喳的问候,你可能已经不激动了,只是用鼻子"嗯"一声,算是回答;再过20年,当又一批孩子们同样叽叽喳喳地对你说"老师好"的时候,你甚至可能因为习以为常而不屑答理了。如果真的那样,说明你的童心已经失去,幸福也已经离你远去。

职业倦怠往往体现为不再激动,不再欣喜,校园的一切对你来说,都司空见惯,都麻木不仁,一切都是"就那样"。

苏联教育家阿莫纳什维利说得真好:"谁爱儿童的叽叽喳喳声,谁就愿意从事教育工作；而谁爱儿童的叽叽喳喳声已经爱得入迷，谁就能获得自己职业的幸福。"

　　第一天踏上讲台的时候，我们是那样的纯粹，没有功利心，没有计较过收入，没想过如何算"工作量"，也没想过什么"教坛新秀"、什么"市优青"、什么"省级骨干教师"之类，想的只是怎样把眼前的这一堂课上好，怎样把眼前这群孩子带好，那时候，教育就是教育，而不是荣誉，不是职称，不是论文，不是课题……课堂上孩子们一双双亮晶晶的眼睛，下课后孩子们一声声无邪的笑声，就是我们全部的追求。

　　因为单纯，所以快乐。

　　请每一位教育者经常问问自己：现在，我还是这样的吗？

◎ 李镇西

学生教我当老师

亲爱的老师们,大家好!

今天我给大家带来的演讲话题是"学生教我当老师"。

大家先看这张照片,中间那个小伙子傻乎乎、乐呵呵的,这个就是当年的李某人。那是 1982 年的春天,当时我和学生们在郊外玩儿。我就是从这儿拉开了我教育生涯的序幕。一晃时间已经过去近四十年了。我今天就给大家讲讲我的成长。

我越来越坚定不移地认为,任何一个优秀的教师的成长都是自我培养与学生培养的有机统一。所谓"自我培养",意味着教师作为一个独立的主体"人",自觉选择、自我培养、自主发展和自由成长。

所谓"学生培养",意味着教师不断主动地从学生中汲取职业情感、职业动力、职业成就和职业幸福。今天着重谈"向学生学习",因为"自我培养"的有效途径之一,就是向学生学习。

向学生学习,这并不是我的观点。陶行知先生说:"民主的教师,必须具有:(一)虚心;(二)宽容;(三)与学生共甘苦;(四)跟民众学习;(五)跟小孩学习——这听来是很奇怪的,其实先生必须跟小孩子学,他才能了解小孩的需要,和小孩子共甘苦。并不是说完全跟小孩子学,而是说只有跟小孩子学,才能完成做民主教师的资格。否则即是专制教师。"

我的成长经历完全可以作为陶行知先生这段话的注释。

我先讲第一个故事。这个故事其实我很不愿意讲,讲起来我的心情很沉重,但是谈我的成长却绕不开这个故事。因为这事对我影响很大。

看照片上这个小姑娘,她叫任安妮。这是1986年秋天学校在举行运动会的时候,她和另外一个同学正在为运动员同学服务。这个孩子的特点是非常温顺、非常内敛,当然也可以说是害羞、胆小。如果不说学习成绩,她非常乖巧,不需要老师操心。但是恰恰是学习成绩,让我非常头疼,因为她的成绩很差。

那是1986年冬天的早晨,我正在教室里带着学生早读,门口响起一声"报告",我一看迟到的学生,又是她!任安妮就是爱迟到,成绩不好又爱迟到,我就特别不高兴。于是,我叫她在外面站一会儿,而我在教室里继续和其他学生一起早读。但是读着读着,我突然感觉到,这样恐怕不太好吧?所谓"不好",不是觉得在外边冷,而是我让她罚站这个做法不好,因为我觉得如果校长看见了恐怕不好,早晨校长要巡视早自习,我罚站学生让校长知道了不好。于是我便叫她进来。

她进来后走向自己的座位想坐下,我说:"谁让你坐了?我只让你进来,没让你坐下呀!"她一下不知所措,我说:"再站一会儿!"她的眼泪一下流出来了,但仍顺从地站在自己的座位前,并拿出书来和大家一起读。直到早读课结束,她总共站了15分钟。

早读课结束后,接着就上我的语文课。下课后,她来给我请假,说头有点昏,想回家去休息一会儿。我一惊,问:"怎么回事?是不是因为早晨站久了?"她说不是,她还说平时她就爱头昏,是老毛病了。

于是,我同意她回家休息。

后来任安妮母亲对我说,任安妮因病需要休学治疗。我问她母亲:

"任安妮究竟是什么病?"她母亲含含糊糊答道:"也没有什么大不了的病……"她没有明说,可能有什么苦衷,我也就不好往深处问了。

我要说的是,听说任安妮要休学的一瞬间,我真是暗暗地高兴。为什么?因为她成绩很差,我总算甩了一个包袱!成绩那么差,如果没有了她,以后我班的平均分至少会上升零点几分吧!虽然只有零点几分,可这也许会提升我班在年级的排名呢!

大家想一想,面对班上有一个成绩很差的学生,我们有的老师会想方设法把她转走,我当然没这个勇气,但她现在自己休学了,多好!我不露痕迹地就"扔"掉了一个后进生。

第二年她复学回到学校,在下个年级就读。她虽然比较胆小害羞,但是很有礼貌,每次碰见我都给我打招呼。应该说,她对我的尊敬是真诚的,因为当时表面上我在学校还算是一个好老师,班级活动丰富多彩,对学生很有吸引力。但内心深处,我很难说是一名好老师,因为骨子里面还是不喜欢成绩差的学生。

又过了半年,大概是 1987 年的 11 月,半期考试刚刚结束最后一科,沈建平同学就来告诉我:"李老师,任安妮今天早晨……死了……"我大为震惊,不相信自己的耳朵。当时脑子里很乱,但有一点很清晰,那就是我一定要赶在任安妮火化前再看她最后一眼。

20 分钟以后,我和已经读高一的十几个原班学生,乘坐着越野车来到殡仪馆。刚进殡仪馆,她的母亲就迎上来,用哭哑了的声音对我说:"李老师,您这么忙还赶来,真是谢谢您和同学们了!"

我心情沉重地说:"太突然了,太突然了。我们根本没想到!她得的是什么病?"

她这才告诉我:"我的安妮 6 岁就患上了白血病,当时医生说她最多能活三年。为了让她有个宁静美好的生活,我们一直没有告诉她,也没有告诉任何人。在许多的人的关心下,她奇迹般地又活了 8 年。谢谢您啊,李老师!任安妮在最后几天,还在说她想李老师,想同学们。她复学后一直不喜欢新的班级,多次说她想回到原来的班级。可是,她就这么……"

听了她的话,我真是心如刀绞。在任安妮纯真的心灵中,不知道她所想念的李老师曾为她降到另外一个班而暗暗高兴啊!

我和学生们站在任安妮的遗体旁,看着躺着的瘦小的任安妮,泪如雨下。

我当时想,早知道任安妮有白血病,我就不会因她的迟到而罚她站。但是我又往深处想,不对,难道她没有白血病就应该被罚站吗?任安妮是见不到我的悔恨了,可是我每天还要面对一批又一批学生,我完全可以把这份愧疚化作对每一个学生的爱。从那以后,我就再也没有罚站过任何学生。

去年疫情期间我写了《教育的 100 种可能》,犹豫再三,我把这个案例写进去了,任安妮是这本书中唯一没有长大的孩子,她永远 14 岁。任安妮对我成长的意义是,她教会了我该怎么对待成绩不好的学生,让我知道什么叫平等,什么叫尊重。

10 年后我又遇到了一个成绩很差的孩子。大家再看这张照片上的男孩,他叫安超,是我在成都石室中学的学生。安超的成绩非常糟糕,也比较调皮。初中读了一半,也就是初二下学期开学第一天,他妈妈带着他来找我,说安超实在学不走了,打算转学。

这事如果发生在 10 年前,我会高兴的,但 10 年后的我对教育的认识更加成熟了,不会再因成绩不好的学生的离开而高兴,相反我是真心的有点不安,我当然不会认为他成绩差都是我造成的,但是作为一个班主任,我是不是尽到了最大的努力?

但我只能尊重安超母亲的选择。安超离开我的时候在我面前不住地流泪。

当时我就安超转学的事，在班上开了一个班会，让每一个同学都思考一下，我对安超的转学，有没有一份责任？我的意思是让孩子们想想，既然都是一个集体大家庭的成员，那么其他人的学习和我难道没有关系吗？我对安超提供过帮助没有？

三天后的晚上，安超母亲又带着安超到我家里来。我问安超，新学校适应了吗？他低着头不说话，他妈妈欲言又止。我当时想的是，估计转学手续还有什么需要我签字的，所以他们来找我。但他妈妈说不是，转学证明已经开了，已经交给学校去了。他妈妈犹豫了一会儿，终于说："李老师，我，我想把安超……转回来。可以吗？"

当时我脱口而出："欢迎啊！"我真的是欢迎。但是这话一说出口，我就觉得没用，因为得校长同意啊！按理说，一个成绩不好的学生转走了还想转回来，学校是不会同意的。于是我去找王校长，我给王校长说，就当学生请了三天病假后又来上学了嘛！反正是我的学生，一切算在我头上就是了。王校长也非常有爱心，他理解我，并同意了。

安超转回来后，我又在班上开了一个班会课，表示对安超的热烈欢迎。我让安超给大家讲一讲为什么要转回来。我想通过安超的讲述，让同学们明白，平时在这个班还不觉得怎么样，一旦离开才知道咱班多温暖。

安超讲得非常好，他就谈他在那个学校的遭遇，虽然只有两天，还是很有故事性的。同学们听得非常认真。后来我让安超把他讲的写下来。第二天安超便交给我一篇作文。我一看，这篇作文写得非常好，不是说多么有文采，而是情感特别真实。

安超的作文是这样的——

转学又"转"回来了

人们说：一个人一旦失去了才会知道珍惜，比如我。

我在石室中学读了一年半，由于成绩没什么长进，我妈妈就打算给我转学。那天去办转学手续，我和妈妈去给李老师告别时，我的眼泪止都止不住。

当我去××中学报名的那天下午，我下了车刚进校门，就被政教处的老师抓住。一顿臭骂之后，他还让我站在操场中央晒太阳。后来还是一位老大爷把我放走了。我好不容易找到了自己的新班，同学们都拥了上来看稀奇。这时，一位同学竟然拿出打火机打燃火后在我面前晃，差点把我的头发烧燃。有两个同学为了抢什么东西还打了起来。真是乌烟瘴气！

我上的第一节是政治课，我坐在一个叫马××的同学后面，上课时我亲眼看见他在吸烟，老师看见了，却当作没看见。下课了，我听见同学们谈的都是一些庸俗的话题。有几个女同学穿得一个比一个时髦，像社会上的时髦女郎。男生没有一个穿得整洁，身上的衣服仿佛穿了几年都没有换，上面沾满了油污。

第二天上课，第一节是音乐课，老师没有教课本上的歌，而是教我们唱刘德华的《笨小孩》和任贤齐的《对面的女孩看过来》，全部都是流行歌曲。特别是语文课，不能和石室中学的李镇西老师上的课比。那个老师上课不管下面的同学怎么闹他都只顾讲他的，又枯燥又乏味。在那里，学习用的设备更不能和石室中学比，电脑室只有一间，而且电脑全是386的。

我感受最深的是，那里的老师对学生十分冷漠，所以那儿的学生也都冷酷无情，没有一点爱心，这也一点不像石室中学。那里的班主任也姓李，但远远不像石室中学的李老师和蔼。那个李老师班主任十分冷漠，看学生时眼睛是三角形的，对我这个新转来的同学说话一点都没有温情，让我感到很压抑。

我回家对妈妈说了我的感受，妈妈就又把我送回了石室中学，于是，我又重新回到了我亲爱的班集体。我一回到班上，我就感受到同学对我的关心。比如李翱见到我的第一句话是："你走了，我们好想你！"我听了心里十分感动。

还有的同学说："你又长高了！"我才走了两天半，居然说我长高了。还有郭锐开玩笑说："那里谁欺负你，给我说！我带人去捶他！"

我转学又"转"回来了，我十分感谢同学们对我的关心，我会更珍惜在这里的每一天、每一分、每一秒。

欢迎会结束后，同学们就成立了一个帮助安超小组。现在想起来我都还很自豪，咱们班真的是很温暖。

后来安超果真进步很大，不但考上高中，后来还考上大学，这是他大学毕业获得学位时的一张照片。现在，安超是一家大型国企的中层管理者。

任安妮和安超，都是成绩不好的学生，都曾离开我的班。只不过一个是休学了，真的离开了我的班，另一个是离开了三天又回到了我的班。但是两位相距十年的学生，却教会了我如何对待成绩不好的孩子。没有任安妮，没有安超，我可能对教育的认识没有现在这么成熟。

有的老师会说："这两个学生怎么可能'教'你呢？"还可能有老师会说："我也遇到过类似的学生，遇到过类似的事，可我怎么就没有感觉到成长呢？"

是的，两个孩子当年并没有直接对我说李老师，您应该这样或那样当老师！我的感悟来自对这两个学生的反思。是的，许多老师也曾经遇到类似的学生和类似的事情，却没有获得什么进步，因为这些老师不会反思。

因此，教师成长的核心是"反思"，尤其是对自己教学错误的反思。

任何一个教育者在其教育生涯中，都会犯这样或那样的错误。区别优秀的教育者和平庸的教育者，不在于他们是否犯错误，而在于他们如何对待已经犯下的错误。善于通过反思把教育失误变成教育财富，这是任何一个教育者从普通教师走向教育专家的最关键的因素之一。

跌倒了不反思，就还会跌倒。反思，能够让我们不断进步。

咱们再看这张照片中那个子最高的女生，她叫尹萍。她非常善良，性格也很温和。但在我当班主任的三年中，尹萍却批评过我一次。这次批评，让我刻骨铭心。

一天早晨，我来到班上向一位女学生借改正液用，我发现她好像是在抄同学的作业。虽然我知道这个学生有抄作业的习惯，但我还是怕冤枉了她，所以当她把改正液给我拿来时，我小心翼翼地问她："你刚才没抄同学的作业吧？"她说："没有啊！绝对没有抄同学的作业。您看，这都是我的本子。"她当即还把手中的本子给我看。我看果然是她自己的本子。"哦，那是我看错了，真对不起你。"我说这话的时候，的确是感到对不起她，因为我差点冤枉她了。

过了一会儿，在还改正液时，为了表达我的歉意，我亲自走到她的桌前把改正液递给她。就在我说"谢谢"的时候，我突然发现她的确是在抄同学的数学作业！当时，我极为愤怒，不仅仅因为她抄作业，更因为她欺骗了我——应该说，是愚弄了我！面对我严厉的眼神，她无言以对，低下了头。

我马上回到讲台上，当着全班学生狠狠地批评了这位学生的欺骗行为："她这样做，既是自欺，也是欺人！"想到刚才我心里对她的"歉意"，我真是恼怒到了极点，于是我越说越气："大家都知道，××抄作业是一贯的！她如此弄虚作假，我就有理由怀疑她过去的作业是否都是她自己做的，而她每一次的考试成绩是否都是真实的！"

第二天，尹萍给我写了一封长信。在信中，尹萍首先向我作自我批评："昨天的事，也有我的错，因为是我把自己的作业给××抄的。现在，我知道自己错了，我以后一定会改正的。请李老师原谅我。"接着她又对××提出了批评。但是，这封信主要还是对我提意见——

"李老师，我觉得您昨天批评××同学有些过火。当然，我理解您当时的心情，××对您撒谎，欺骗了您，您心里当然不好受。但是，您批评××时，为什么要说她以前所做的作业都可能是抄袭的呢？您还说您怀疑她过去的成绩是否真实。当着全班同学这样批评一个女同学，多伤她的自尊心啊！您知道吗，昨天整整一天，××同学都很难受。吃午饭时，也不好意思和同学们在一起，而是一个人孤独地吃。李老师，我和同学们都很尊敬您，把您当成朋友，因为我们都能感到您是真心爱我们的。但既然是朋友，我就给您说心里话，相信您能接受。我知道您当时也是冲动，但这可能会影响××同学以后的上进心啊……"

读完这封信，我的愧疚是难以形容的。是啊，一个崇尚爱心的教育者竟然如此失去理智地伤害了一个学生的自尊心，这是多么富有讽刺意味啊！我当然有权力也有理由批评××的欺骗行为，但是，我有什么权力和理由因她犯这一次错误就怀疑了她所有真诚的努力呢？我有什么权力和理由要因这件事而摧毁她向上的勇气和信心呢？

我当即在班上把尹萍同学的信读了一遍，并叫班长把这封信张贴在教室里。我真诚地对学生们说："昨天，××抄作业是该批评，但我对她的批评显然过分了，我武断地说××以前的作业都是抄袭的，更是极端错误的。我向××同学诚恳道歉。我还要感谢尹萍同学，是她帮助我意识到了我的错误，是她提醒我改正错误。希望同学们向尹萍学习，随时监督我！"

"学生教我当老师"有两个途径：

第一，向学生学习。

比如，新生进校第一天，我请同学们给我写信，回答我三个问题：第一，你以前的老师有什么优点值得李老师学习？第二，你有什么优点值得李老师学习？第三，你能够为新班做点什么？一封封的信就是在教我当老师，我就是在一届又一届学生的帮助下成长起来的。

比如，我爱在学生中搞这样的教学调查：你认为李老师讲得最好的课文是哪一篇？你认为李老师讲得最差的课文是哪一篇？你认为李老师出的最好的作文题是哪一道？你认为李老师出的最差的作文题是哪一道？……我上课一直到退休都没有接到过一次家长举报，这不是因为我的课上得有多么好，而是因为我课堂教学的所有不足，学生都能当面给我指出，让我失去了被家长举报的可能。

又比如，我当班主任时，习惯让孩子们在新年前夕给我写信：过去的一年，李老师哪些做得好应该鼓励？李老师哪些做得不好应该改正？新的一年对李老师有哪些期待和建议？这不就在教我如何当老师吗？

1994年9月开学不久，便迎来了又一个教师节，学校要求各班利用班会课举行庆祝活动。这天，我吩咐班干部在教室黑板上写了一行大字："教师节——献给老师的礼物！"

班会开始时，我笑着对大家说："今天是我的节日，所以，我想向同学们索取'礼物'。"学生们顿时笑了起来，显然是不相信我的话。可我却认真地继续说："在过去的高二学年里，由于李老师修养不好，再加上工作繁重，所以我做工作越来越简单急躁，在各方面都存在许多问题。今天，我诚心诚意请同学们对我的工作提出意见。这对我来说，的确是最好不过的礼物啊！"

接着，我又拿出事先买好的钢笔、圆珠笔和铅笔："为了鼓励和感谢同学们，今天我来个'有奖征谏'——同学们可不要坐失良机啊！"

同学们又是一阵大笑，气氛开始活跃了。

开头炮的是黄金涛:"李老师,我们都记得,高一时您和我们没有师生界限,我们甚至可以对您直呼其名;可是到了高二,您越来越爱对我们发脾气,师生之间有了明显的心理距离。希望李老师能恢复高一时亲切的笑容!"

我走下讲台,来到黄金涛的面前,双手递给他一支钢笔:"谢谢你的批评!"

平时常挨我批评的郭坤仑也发言了:"李老师有时太爱冲动。那次林川用脚狠狠踢教室门当然该挨批评,但您当时拍着桌子厉声斥责他,让他写检讨、请家长,使林川过了很久还感到抬不起头。"

我同时拿起两支圆珠笔,一支递给郭坤仑:"谢谢你的直率!"一支递给林川:"请原谅李老师!"

那堂课,学生给我提了很多意见,真的在教我如何当老师。

第二,接受学生监督。

向学生学习,主要是出自教师的道德要求,或者说道德自律。但这是不够的,应该把学生监督和帮助老师制度化。关键是要建立平等的师生关系,这里的平等,指的是人格的平等、权利的平等、法律(规则)的平等。在这个基础之上,和学生一起建立制度,把监督与制约的制度建设当作民主教育的过程。这个制度其实就是《班规》,但这个《班规》还包括对教师的制约,规则面前,人人平等。

这里讲一个案例。

《班规》正式实施不久的 1987 年 11 月 29 日,学生为参加学校一二·九歌咏比赛在礼堂排练。

大家正兴致勃勃地练着,可担任领唱的罗晓宇同学不知何故不愿领唱了。我先是反复耐心给她做工作,同学们也帮着劝说,可她仍然不愿领唱。这可把我急死了,想到离比赛只有几天了,现在换人肯定是来不及的。最后我实在控制不住自己，勃然大怒，猛拍钢琴，呵斥道："你不唱就给我滚出去！"

话一出口，我就意识到自己过分了：万一罗晓宇真的"滚出去"了，这歌还怎么练呢？

还好，我这一吼还真管用：罗晓宇虽然满脸不高兴，但总算唱了起来。

排练结束后，我把罗晓宇留下来谈心，她说她刚才不想唱是因为排练前与一位同学闹了别扭，情绪不好。我一方面教育她要以集体利益为重，同时，又真诚地向她道歉："刚才我实在是太急了，冲着你发那么大的火。真对不起，请原谅李老师！"

我想，这件事也就算解决了。

谁料到，我第二天早自习走进教室，见黑板上赫然写着一行大字："李老师昨日发火，罚扫教室一天！"我心里一惊：这些学生还真够认真也真够大胆的！不过，我得再"考验考验"学生们依照《班规》惩罚老师的勇气究竟有多大。于是我半开玩笑、半认真地同他们"谈判"："李某人当然不敢不依'法'办事。但请问，李老师这个月发了几次火呀？"

学生们想了想说："一次……"

"对嘛，《班规》上的规定是'发火超过一次'，可我并未超过一次呀！"然后我又得意地说，"今天是11月30日，我只要今天不对同学们发火，嘿嘿，我这个月就不会超标！"

学生们一下哑了，可能是觉得我言之有理吧，他们不再与我争辩。

可是，李崇洪同学站了起来，他左手拿着《班规》，右手指着上面的条文大声说："李老师说得不对！您发火是没超过一次，但班规上还有一条：'不得以任何侮辱性的语言批评学生'，您昨天用不文明的语言侮辱了罗晓宇——您叫她'滚出去'，这可应该受罚啊！"

他这一说，学生们便嚷了起来："就是嘛！该罚！该罚！"

当天下午放学时，我走进教室，看见几个住校女生正准备打扫教室。我赶紧冲过去夺下她们手中的扫把："你们不能扫！今天该我一个人扫！"

她们却死死地握住扫把不放。赵琼说："李老师，您真的要一个人扫？"

我说："不是我要一个人，因为这是《班规》的规定啊！"

"哎呀，您太认真了！"宁玮说，"那这样吧，李老师，我们和您一起扫，好不好？"

"不可能！"我强行把她们赶出教室，把门关死，一个人在教室里扫得满头大汗。

第二天一早，我又早早走进教室，做早扫除。

当时的情景真是别有趣味：教室里灯火辉煌，学生们书声琅琅；教室外，大雾弥漫，我在窗台上一丝不苟地擦拭着玻璃窗。学生们不时抬起头，向我投来敬佩的目光。

那天早晨第一节课下课后，学生们纷纷到"学校清洁卫生评比栏"看我班的教室卫生评分，结果当天的分数是满分10分！

这下在全班引起了强烈反响："李老师太好了！""我读小学到现在，从来没见过老师一个人扫教室！""李老师真高尚！"

我却深感不安：学生们对我的行动赞不绝口，这说明在大多数学生的头脑里，我并不是依"法"受惩，而是"放下架子"平易近人，是令人崇敬的"道德楷模"。如果学生真是这样的认识，那么我的教育只能说是失败的！

在周末的班会课上，我真诚而严肃地对全班同学说："纪律面前，人人平等。既然同学们违纪都应该受罚，为什么老师可以例外？这与高尚丝毫不沾边！前不久报上登了江西省前副省长倪献策因触犯法律而被捕入狱的消息，我们怎么没有说'倪献策真高尚啊，犯了罪竟亲自坐牢'呢？如果你们认为同学违纪受罚是理所当然，而老师违纪受罚就是高尚，那么你们就仍然没有树立'面对纪律师生平等'的民主观念！"

在这个班以后的两年多中，我又因各种"犯规"而五次被罚，我很少再听到有人说我"高尚"，大家都觉得很正常、很自然。

多年来，我刚当老师时的一些缺点毛病，爱发火啊、上课拖堂啊，等等，现在全没有了。为什么？学生的功劳啊！

所以我经常说，一定要通过班级制度让学生成为教师的监督者、评价者、批评者、激励者。我发自内心地感谢我的每一届学生。

这样一来，是不是老师就没有威信了呢？是不是学生就不尊敬老师了呢？

当然不是，恰恰相反，学生更会尊敬老师，而且是发自内心的尊敬。

在我退休的 2018 年，我教过的第一个班的学生希望我给他们上一节课再退休。于是，我回到乐山一中，给我的学生上了"最后一课"，当时听课的远不止第一个班的学生，全国各地乃至国外，能够来的学生都来到现场听我上课，最远的来自德国。年纪大的已经 50 多岁，但那堂课上，他们依然像当年一样认真地听我讲课。那一刻，我觉得我无比幸福。

在我的家里，还保存着我当校长时，各班学生自发送给我的奖状："最有童心的老师""最平易近人的校长""最佳幽默奖""满腹经纶奖"……这些手写的奖状，是我获得的最高的荣誉！

前年暑假，我去意大利佛罗伦萨旅游，特地去佛罗伦萨美术学院，因为那里有米开朗琪罗的《大卫》原作。

尽管对这尊雕像已经非常熟悉，但到了现场依然震撼。虽然是冰冷的大理石雕塑，但大卫青春勃发，坚毅的眼神、富有爆发力的双手、胸部的肋骨、饱满肌肉所形成的波纹、皮肤下凸起的关节和血管……都让人感到生命力的蓬勃与鲜活。

据说米开朗琪罗是用一块废弃的石材创作的。大卫像的原石最初是交给一位雕塑家，但因为石料坚硬，还很薄，而被放弃了；后又辗转到另一位雕塑家手中，还是没法创作，又放弃了。最后这块屡遭废弃的大理石，终于等来了米开朗琪罗。

一位记者问米开朗琪罗："您是如何创造出《大卫》这样的巨作的?"他回答："很简单，我去采石场便发现了大卫——我看见一块巨大的大理石里面的大卫。也就是说，大卫并非是我创作的，而是本来就蕴含在这大理石中，我要做的只是凿去多余的石头，去掉那些不该有的大理石，大卫就诞生了。"

我想到了教师的成长。所谓成长，不也是不断凿去那些限制自己的多余的外壳和多余的部分吗？

每一个人的内心深处，都潜藏着一个卓越的自己。我们所有人最初都是沉睡的大理石，但石头里面潜藏着大卫。所谓"潜藏"，意味着最初这个"卓越的自己"被各种外壳和多余的部分掩盖着。我们要做的，就是不断地挖掘和雕琢，一点点地剥除外壳，剔除冗赘。当我们内心深处那个大卫渐渐显露出来的时候，我们便获得了成长，走向了卓越。

我们每一个人都是潜在的大卫，同时也是潜在的米开朗琪罗。所以，任何人都可以用米开朗琪罗的智慧和双手，把自己雕琢成大卫。

用我经常对年轻老师说的一句话就是——用一生的时间去发现那个让自己吃惊的"我"！

爱心与教育研究会十年大事记

1. 2011年12月18日,蒋自立老师和李镇西老师商议决定建立教师自主成长共同体:李镇西教育思想研究所,蒋自立老师任所长。

2. 2012年7月24至26日,李镇西教育思想研究所第一届年会暨"中国李镇西式好教师"颁奖典礼在成都武侯实验中学举办。在本届年会上,马淑芹、马召帅、陈克义、肖盛怀、单熙洪、刘亚飞、商云、付玉昕、刘义富、王荣巧、谢华、吴君、周莹璐、黄晓英、杨富志、李素怀、武建君、徐建利、王杰英被评为"中国李镇西式好教师"。

3. 2012年12月,李镇西教育思想研究所的会员们每周六晚上20:00云集在呱呱社区(389968)围绕李镇西老师所倡导的"五个一"开展研讨活动。

4. 2013年7月20至22日,李镇西教育思想研究所第二届年会暨第二届"中国李镇西式好教师"颁奖典礼在湖北仙桃仙源学校举行。在本届年会上,张雁、张波、李巧枝、侯立元、李冬芹、徐维、曹利同、易漫华、伍姗、戴荔、周彩云、张学勇、田亚玲、尚家、王怀玉、欧阳利杰、王立杰、杨宏杰、李伟、吴碧被评为"中国李镇西式好教师"。

5. 2014年7月21至24日,李镇西教育思想研究所第三届年会暨第三届"中国李镇西式好教师"颁奖典礼在甘肃庆阳举行。在本届年会上,于汉芹、张燕燕、刘晓乾、田志红、王美娟被评为"中国李镇西式好教师"。此外，刁俊峰、周广玲、苏苗、崔清平、林珠华获得"中国李镇西式好教师"提名。蒋自立老师辞去李镇西教育思想研究所所长职务，杨富志继任所长。

6. 2015年7月23至24日，李镇西教育思想研究所第四届年会暨第四届"中国李镇西式好教师"颁奖典礼在山东新泰举行。在本届年会上，苏苗、黄建军、刘桂芝、张瑾、岳海宁、曹晶、郭玲、任秀波被评为"中国李镇西式好教师"，此外，王旭峰、杨方超获得"中国李镇西式好教师"提名。

7. 2015年9月，李镇西教育思想研究所更名为李镇西研究会。

8. 2016年7月11至15日，李镇西研究会第五届年会暨第五届"中国李镇西式好教师"颁奖典礼在广东省中山市纪中雅居乐凯茵学校举行。在本届年会上，袁建国被评为"中国李镇西式好校长"，刘沛华被评为"中国李镇西式好班主任"，蔡志娟、曹敏、王丹凤、杨方超、王旭峰被评为"中国李镇西式好教师"。杨富志任李镇西研究会会长，任秀波被聘任李镇西研究会理事长。会后，李镇西研究会发出决议，将"中国李镇西式好教师"更名为"幸福教师"。

9. 2017年8月15至17日，李镇西研究会第六届年会暨第六届"幸福教师"颁奖典礼在河南洛阳高新区举行。在本届年会上，柴爱香被评为"幸福教师"，此外，李小段、黎辕、张燕、刘爱玲获得"幸福教师"提名。

10. 2017年9月23日，李镇西老师在"镇西茶馆"发文：《成长比名分更重要——就李镇西研究会更名为爱心与教育研究会致全体会员的一封信》，自此，李镇西研究会更名为爱心与教育研究会，"幸福教师"更名为"'爱心杯'优秀班主任"。

11. 2018年7月8至9日，爱心与教育研究会第七届年会暨第七届"爱心杯"优秀班主任颁奖典礼在福建漳州厦门大学附属中学举行。在本届年会上，李小段、黎辕、黄薇、张承勇、唐建武、李伟明被评为"爱心杯"优秀班主任。

12. 2019年10月19至20日，爱心与教育研究会第八届年会暨第八届"爱心杯"优秀班主任颁奖典礼在山东宁阳第三小学举行。在本届年会上，王军、肖新见被评为"爱心杯"优秀班主任。

13. 因新冠疫情，2020年爱心与教育研究会第九届年会延迟至2021年1月8至9日在云南昆明举行。在本届年会上，杜海玲、彭敬宏被评为"爱心杯"优秀班主任。蒋自立老师、李洋老师被聘为爱心与教育研究会顾问，李镇西老师被聘为爱心与教育研究会终身名誉会长，杨富志老师被聘为爱心与教育研究会名誉会长，詹大年老师任爱心与教育研究会会长。